LA SOURCE, LA FORCE

ET

LE VÉRITABLE

ESPRIT

DES LOIX,

ESSAIS

DU COMTE J. DE CATANEO.

On y joint aussi

Un Essais sur l'origine naturelle des Gouvernemens Politiques dans la Société humaine.

PAR

LE MÊME AUTEUR

A Berlin & Potsdam,

CHEZ CHRÉTIEN FREDER. VOSS.

1752.

A SA MAJESTÉ
LE ROI DE PRUSSE.

SIRE,

*L*es rapports sont si grands & si manifestes entre l'objet de cet Ouvrage, & les soins paternels que Votre Majesté a pour son peuple, qu'on comprend aussitôt, qu'il ne sau-

A 2

roit

roit appartenir qu'à Elle dans le siècle où nous sommes.

Ce que Votre Majesté vient d'entreprendre, & de faire exécuter pour
la réforme, & l'exécution des Loix
dans ses vastes états, nous dit hautement qu'Elle a puisé à la source, &
qu'Elle est saisie par la force, & par
le véritable esprit des Loix.

C'est V. M. qui a goûté le plaisir, & compris le devoir de faire le
bonheur de ses peuples, par la justice, par l'équité, & par la droi-
ture du cœur & de l'esprit, d'où
découlent la bonne foi du commerce,
& l'abondance : ainsi que tout le
monde l'avoue, & qu'il éleve par là
le Régne heureux de Votre Majesté
au plus haut dégré de la gloire.

Elle

Elle-même va au de là de tout ce
qu'on pourroit imaginer; car ayant
enchainé la Victoire à ses pieds, par
des Armées les plus formidables, &
par une conduite dont V. M. toute
seule est la source: Elle n'en a été
satisfaite, qu'après avoir rélevé
tout ce brillant éclat, par les ray-
ons les plus purs du soleil éternel de
justice.

La rareté des exemples semblables dans les histoires, la précieu-
seté qui en dérive, & la modera-
tion par laquelle V. M. en goûte les
fruits divins, mettent le dernier
comble, au véritable bonheur de ses
peuples, & fixent une fois pour toutes, l'admiration, & l'applaudissement de toute la Terre.

A 3

Si

Si je la contenois toute dans mon cœur, je ne saurois être plus pénétré que je le suis, par tous ces sentimens-là, & par tous les respects, & les soumissions imaginables, par lesquelles je serai toute ma vie

DE VOTRE MAJESTÉ

A Venise,
ce 1 de Juillet 1750.

Le très-humble très-obéïssant
& très-fidele Serviteur

De Cataneo.

AVIS

AU LECTEUR.

C'est trop hazarder pour un Italien d'écrire en François, je l'avoue: mais qu'est-ce qu'on n'hazarde pas, pour le bien public? Le langage de la France est le plus commun en Europe, & le moins gêné, ce qui est fort honorable pour cette Nation docte & polie.

Il y a vint ans que j'ai un commerce continuel de lettres en François, dont je me suis tiré passable-

                    ment

ment: mais c'eſt tout autre choſe d'écrire des lettres, & d'imprimer un Livre. Cependant il a bien fallû paſ-ſer par-là, ſi j'ai voulû publier cet Ouvrage. Peut-être auſſi que les Auteurs ſur lesquels j'ai fait la plûpart de mes réfléxions, n'en auroient eu connoiſſance que ſur des rapports peu fidéles, ſi j'avois continué d'écrire en Italien, comme d'autres ouvrages que j'ai publiés : & j'aurois même paſſé pour indiſcret, de les attaquer par un langage qui leur eſt peut-être inconnu.

On dira ſans doute, que je n'ai pas un ſtile, ni la pureté du langage, ni l'Ortographe moderne. Eh bien, je l'avoue: mais je pourrai bien dire à mon tour, que ſi je ne me ſuis pas bien expliqué, c'eſt la faute d'un langage, qui ne m'eſt pas naturel.

Quand

Quand on ne me paſſeroit pas les excuſes que je viens de donner; je n'en ſerois pas moins juſtifié par l'empreſſement que je dois avoir de parler à mon Roi, un langage qu'il aime, & dans lequel il excelle: Car je ne ſaurois travailler, que je ne me propoſe ſon Royal ſervice, & ſa ſuprême approbation.

Je paſſe d'avance toutes les critiques qu'on me pourroit faire ſur la phraſe, qui ſentira ſans doute quelques fois l'Italien; ſur le ſtile qui ne ſe ſoutient pas également, & ſur les mots qui pourroient avoir vieilli: car les langages vivans ſont toujours comme les hommes des Platoniciens, *idem & alterum.* Quand on s'explique ſuffiſamment, c'eſt aſſez pour un étranger.

Je n'aurai pas une ſemblable indifférence pour la critique ſur les ſen-

 timens;

timens; & comme je tacherai de
mettre à profit les lumières & les réfléxions des favans, qui perfuadent;
je ne faurois que faire de tous ceux
qui ne favent pas bien s'expliquer
eux-mêmes, & qui affomment par
un amas indifcret d'autorités pedan-
tesques, ou de raifonnemens frivoles.

Comme j'étois prévenu depuis fort
longtems par le mérite de l'Auteur
de *l'Efprit des Loix*, fur d'autres
ouvrages de fa façon; je ne tardai
pas un moment de m'attacher à ce
dernier, dont l'objet me parût éblou-
ïffant. J'en trouvai l'entreprife ma-
gnifique, & digne du grand génie
de l'Auteur: Grand nombre de pen-
fées, & de raifonnemens juftes, ingénieux, favans, & nobles: quoique dans une fi grande carrière fon
efprit fe délaffe quelques fois; & bien
fou-

souvent il n'ose sécouer un certain joug qui le gêne.

Comme je ne m'attendois pas, qu'il soutînt le rôle d'un rigide Théologien, je n'ai pas été frappé de certaines propositions, qui ont choqué un scrupuleux Critique, faute d'avoir bien pris le sens des paroles, & l'intention de l'Auteur. Je serois bien fâché qu'il me fût arrivé rien de semblable, dans quelques rémarques, que j'ai faites en passant, sur certaines propositions qui n'étoient pas de mon goût: Mais j'espère de l'avoir fait avec tous les égards qu'on doit à un savant d'une naissance, d'un emploi, & d'un mérite aussi distingué, que le sien.

Du reste, quand nous ne serions pas même d'accord, sur l'Article essentiel de la Religion révelée, à laquelle je m'attache inviolablement: qu'im-

qu'importe ? N'eſt-il pas permis de
raiſonner ſur le Droit, ſur la Politique, ſur la Phiſique, & ſur la Morale
auſſi, avec des Philoſophes payens,
avec des Rabbins, des Muftis, des
Gimnoſophiſtes, & avec tous les ſavans de la Chine, & du Japon ?

Ajoûtons, que ce ſeroit commettre une injuſtice criante, d'imputer
d'irreligion, l'Auteur de *l'Eſprit
des Loix* après tout ce qu'il en a dit
lui-même dans ſon grand ouvrage,
& dans ſa prudente Apologie, que je
ne ceſſe d'admirer, par l'incomparable tranquilité, qu'il y ſoûtient. Il
faut être bien ſûr de ſon fait, pour
ſe battre d'un ſi grand ſang froid.
Voilà tout.

LA SOURCE, LA FORCE

ET

LE VÉRITABLE

ESPRIT

DES LOIX.

ESSAIS

DIVISÉ EN TROIS PARTIES.

LA
SOURCE DES LOIX.
PRÉMIERE PARTIE

CHAPITRE I.

Il est de la derniere évidence, que la Nature humaine porte avec elle du moment de son existence, certaines dispositions & inclinations nécessaires, qui se développent peu à peu, à proportion que la machine du corps humain, prend une consistence convenable. C'est ainsi que l'Esprit, & l'idée du machiniste ne sauroit se manifester qu'à mesure, que les parties de la machine, qu'il forme, se perfectionnent, & s'emboitent de la façon, qu'il s'est proposée: quoique l'idée toute spirituelle, & le dessein précede la construction de l'ouvrage, qui en dépend, en même tems que l'exécution & l'effet dépendent réciproquement de la parfaite organisation du corps.

Les

Les sentimens, dont nous parlons, soit qu'on les appelle des idées innées avec les Platoniciens, ou des idées acquises par l'éducation avec les Loockistes, (car ce n'est qu'une dispute de mots); ne sont pas moins sensibles & naturels à tous les hommes bien organisés, du moment qu'ils sont capables de réfléchir sur leur penchant naturel. Tous les raisonnemens dont Mr. Loock s'est servi dans son prémier livre de l'entendement humain, n'attaquent qu'un fantôme, auquel Platon n'a peut-être pas même pensé; puisqu'il s'oppose directement à son systême de la préexistence des ames humaines. Un Philosophe, qui bâtit sur ce fondement-là, & peut-être sur la Metempsicose Pythagoricienne, n'avoit pas tort de dire, que les connoissances que les Ames paroissent acquérir dans leurs corps mortels, ne sont que des réminiscences des précedentes qu'elles devoient avoir acquises préalablement. Mr. Loock devoit prouver que Platon soûtînt qu'originellement, & du moment de leur prémiere existence, toutes les Ames humaines étoient pourvues des idées qu'on n'appelle innées, que par rapport à l'application & jonction réiterée, que l'Auteur de la Nature fait des ames aux corps, par la génération materielle.

Peut-être auroit-il agi plus conséquemment, en attaquant la préexistence des Ames, & la Metempsicose; ou bien la contradiction de certaines écoles, qui joignent les idées innées avec

la

doctrine d'Aristote. C'est là qu'il pouvoit étaler la force de son génie supérieur qui a si fort brillé en Angleterre, où on s'imagina, que sa manière de penser, & ses principes tout à fait materiels serviroient à renverser de fond en comble, tout ce que le Monde a cultivé de spirituel, depuis tous les siècles. Cependant Mr. Look a fait assez comprendre, que ce n'étoit pas là son intention, quoique l'effet n'y répondît pas mal: & il a hautement, & peut-être très sincérement, désavoué toutes les pernicieuses conséquences, qu'on a tiré arbitrairement de ses principes. Son grand *Essais sur l'entendement humain*, est sans contredit, le plus foible de ses ouvrages. Il ne bât plus que d'une aîle parmi les sçavans, & peut-être à l'abris du grand nom, que Mr. Look s'est acquis par d'autres ouvrages très sensés, dont il a honoré notre siècle.

La Préexistence des Ames, & la Metempsicose, sont certains systêmes, qui ont de tout tems logé chez les hommes; & qui ne cessent point de revenir, malgré qu'on les chasse; à moins qu'une autorité supérieure, & une lumière toute céleste n'en efface les traces mêmes. S. Augustin tout bon chrêtien qu'il étoit, & bon Philosophe, ne paroît pas avoir réconnu ni cette autorité ni cette lumière imposante sur ces questions-là.

Il n'a pas osé décider là-dessus, & tout homme raisonnable avouera toujours, que ces que-

B

stions

ſtions ſont hors de la ſphère de l'activité humaine ; & qu'on ſe bât en l'air en les admettant, comme en ne les admettant pas. Ce qui eſt évident c'eſt, que ni l'une ni l'autre, ſont néceſſaires pour établir la piété, la juſtice, & la tempérance, qui peuvent uniquement nous rendre heureux. Ceux qui ne demandent que le libertinage, n'en ſont pas mieux avec la Préexiſtence des Ames, & leur Metempſicoſe, qu'avec le ſyſtéme généralement adopté par les ſcholaſtiques. Auſſi-bien depuis quelque tems, ſe ſont-ils adonnés à la Pnevmachie, & ſe retranchent-ils avec la dernière obſtination, au Syſtéme déſeſperé de l'Automatie, & du pur Machiniſme.

Mr. de la M⁰, a donné l'eſſort à ſon imagination, par les deux ouvrages dont il eſt malheureuſement l'Auteur, pour machinaliſer tout à fait l'eſprit humain, ſur les traces du fameux Des Cartes qui matérialiſa tout à fait l'eſprit des Bêtes. Son *Homme Machine* contient des abſurdités, & des paralogiſmes, qu'il ne déſavoueroit pas lui-même : car malgré toutes ſes préventions, il ne manque pas d'eſprit, & de ſincérité. Ses *réfléxions ſur la vie heureuſe de Seneque*, ne ſont qu'une ſuite de ſon prémier ouvrage, qu'on a condamné au feu à Paris, ainſi que certains ouvrages parallèles, qui ont parû dans ces derniers tems.

La liberté de penſer, & de produire les ſentimens les plus extraordinaires, pour attaquer

tout

tout le monde par les endroits les plus sensibles & les plus honorables, fait une planche pour tous ceux qui n'ont pas la lâcheté de se laisser brutaliser, & enlever la douce espérance d'une éternité heureuse. Ce seroit passer pour traître, que de rester spectateur indifférent des attentats, qui ébranlent les bases sacrées du Trone: qui tarissent la source des Loix; qui en détruisent la force: qui en matérialisent l'esprit: & qui s'ils pouvoient se répandre une fois dans le monde, renverseroient tout d'un coup la société humaine.

CHAPITRE II.

Il ne faut pas beaucoup pour abattre le Systême de Mr. de la M[e]. qui ne lui appartient, que par la hardiesse de le publier, & par les ornemens dont il a taché d'en remplir le vuide, & d'en couvrir la foiblesse. L'aspect affreux qu'il présente d'abord, est seul capable de révolter le plus indifférent. Qui pourroit sans frémir conclure avec cet auteur, qu'un Neron, un Caligula, un Domitien, un Commode, ne valent ni plus ni moins, qu'un Tite, qu'un Trajan, & qu'un Marc Aurele, puisque chaqu'un étoit une machine montée tout exprès pour faire ce qu'il a fait, sans pouvoir se passer de le faire. Les jardins délicieux de Versailles ne sont pas plus responsables de leurs

déli-

délices au genre humain ; que les roues & les échafauts de la Place de Greve, de leurs tourmens. Plus les prémiers Tirans ont éclaté par leurs cruautés, & par leurs débordemens détestables ; plus ils méritent l'applaudissement général, ayant mieux répondû à leur mécanisme. Plus les seconds se font-ils contraints dans leurs passions particulières, & se font devoués au bien public, moins ont-ils laissé agir librement leur machine, & méritent par là le mépris, & la haine des hommes montés sur le ton de Mr. de la M^e. En faut-il davantage, pour comprendre jusqu'à quel point son systême est abominable ?

N'est-ce pas se moquer du Monde, que de mêler à toutes ces vilaines drogues, une dose de Société, pour en affoiblir l'atrocité ? Sans avoir vieilli dans la Philosophie, on comprend aisément, que si toutes les machines particulières sont montées rélativement les unes envers les autres, pour former un Tout complet, c'est à dire une Machine générale, dont chaque particulière n'est qu'un membre & une partie ; cela renverse de fond en comble tout le Systême. Chaque partie doit avoir nécessairement une liaison, & un emboîtement avec ses prochaines ; aussi bien qu'une rélation essentielle avec la totalité des parties, & la forme universelle, qui mêt chaqu'une en place, & fait agir le ressort principal, d'où le mouvement, & la direction se communiquent, & se réciproquent incessamment.

ment. Pour lors chaque machine particulière, n'est plus montée pour elle-même: mais pour tout le reste ensemble, qui compose la forme totale, & qui manifeste aussitôt un dessein, & une Loi supérieure, à laquelle toute la Machine doit correspondre & obéïr, pour se conserver & produire son effet, par une admirable harmonie. Sans cela elle se détruiroit elle-même, & chaque partie qui n'y répondroit pas exactement, en troubleroit, & en arrêteroit le mouvement, qui porte toutes les parties à remplir leur fonction, & leur ministère: & cela la rendroit coupable à l'égard des autres, & du Tout général.

Plus la Machine est parfaite dans son invention, moins il y doit avoir de parties inutiles, & pas une sans une telle nécessité, & une telle activité, qui la rende en même tems suffisante à elle-même, & à la totalité tout ensemble. Mais cette suffisance ne doit se prendre qu'en commun, & par la réaction réciproque de toutes les parties, même les plus éloignées: aucune ne se suffisant par soi-même, mais par le concours, & l'influence des autres, ainsi qu'on le remarque si évidemment dans le corps humain, & dans la Société.

C'est bien pourquoi on ne sauroit s'étonner assez, qu'un Medecin moderne, qui ne sauroit raisonner du corps humain, sur d'autres principes que sur ceux-ci, les ait ignorés ou abandonnés tout d'un coup, lors même qu'il ne

B 3

veut

veut reconnoître que le corps aux hommes. Peut-être que Mr. de la Me. n'ignoroit pas, qu'en avouant une idée, un deſſein & une loi géné-rale pour la Machine entière, cela impoſoit à toutes les autres parties qui la compoſent, & à chaqu'une en particulier, un office, & un de-voir indiſpenſable, qui la rendroit criminelle en le negligeant. Il devoit bien ſe garder de ſup-poſer jamais, qu'aucune partie pût quelques-fois agir d'une façon oppoſée, à l'objet général de la Machine totale; & employer toute la for-ce, & l'activité qu'elle en reçoit, pour renver-ſer l'ordre qui la fait ſubſiſter, & ſe détruire avec elle.

Il n'ignoroit pas non plus, que cette loi gé-nérale, autant que le deſſein, & le projet ad-mirable de la vaſte Machine de l'Univers, ne ſauroit être la Machine même, qui eſt toujours telle qu'elle eſt. Que ſans tomber en contra-diction, on ne pouvoit ſe diſpenſer de la re-connoître antérieure & d'une tout autre nature que la corporelle, & machinale qui obéït tou-jours; que cette loi ne décidoit, & ne gou-vernoit pas moins la totalité de la Machine, que chaqu'une des moindres parties qui la com-poſent, par une ſupériorité néceſſaire. Il n'y a point de Machine au Monde, qui ne démontre tout cela, avec la dernière évidence: & il ne faut pas moins que renoncer à toute ſorte de Mathematique, & de Phiſique, pour imaginer une Machine univerſelle, compoſée d'une infi-nité

nité de Machines toutes également libres, indépendantes, & détachées. Que si on leur attribue quelque harmonie, quelque liaison, les voilà d'abord dépendantes, & soumises à une loi générale, qui leur impose un devoir, duquel elles ne sauroient se dispenser, sans tomber en faute, & s'attirer un dommage inévitable. Enfin cet Auteur ingénieux pouvoit-il ignorer, que si toute la Machine universelle, n'est que le seul assemblage de toutes les particulières; il ne sauroit y avoir de dessein antérieur, ni de loi imposante aux parties, pour les assembler, les placer & les retenir dans leur poste, & les faire agir de concert?

Un sistême aussi extraordinaire, & insoutenable, que celui de Mr. de la Me. se détruit assez de soi-même, sans se donner la peine de se combattre, & de le renverser. Ce seroit insulter le genre humain, de le subçonner capable de l'adopter en quelque manière. Que si par hazard quelqu'un osoit s'y arrêter: ce ne seroit toujours qu'un nouvel argument, pour le détruire: car une opposition si manifeste au sens commun, & au témoignage des sçavans les plus illustres & rénommés de toute la terre, ne formeroit-elle point une démonstration évidente, que l'homme n'est donc pas une simple machine à l'égard de son Entendement, comme il l'est l'égard de son corps?

CHAPITRE III.

Tout le monde convient de l'égalité de la stru-
cture du corps humain, dans tous les individus, qui ne font pas monftrueux. C'eft-là
la bafe de la Medecine, felon le témoignage fenfible de la Chirurgie, & de l'Anatomie. Auffi
n'y a-t-il point de perfonne de bon fens, qui
ne s'aperçoive de l'égalité des mouvemens, des
fentimens, & des opérations organiques du corps
autant dans le total, que dans le partial du genre humain. Voilà où le machinisme éclate ma-
nifeftement. Mais en même tems comment
combiner avec cette uniformité de ftructure interne & externe du corps, & de mécanisme fenfible, la diverfité infinie de tout ce qui appartient à la raifon humaine; & qu'on ne fauroit
rémarquer parmi les brutes, qui vivent dans
leur liberté naturelle à la campagne? Tout eft
fixe parmi les bêtes qui ne font point genées
par les hommes. Tout eft égal & uniforme
dans chaque efpèce. Point de goûts différens,
point de choix & point d'égards dans leurs befoins, & dans tout ce que la Nature exige d'eux.
Tous marchent, courrent, bondiffent, & s'ex-
priment de la même manière. Toujours la
même nouriture, & la même boiffon. Point
d'application à fe garantir, ou à prévenir les
dommages qui peuvent leur arriver. Point de
con-

convenances, point de loix, point de dépendance naturelle. Voilà un mécanisme, qui n'a rien de fémblable parmi les hommes, même les plus barbares.

Rien n'eft plus fréquent que de voir l'homme animal, & l'homme fpirituel; l'homme vicieux, & l'homme vertueux, fi bien marqués, qu'on ne s'y tromperoit pas pour longtems. Ce qui eft même plus extraordinaire encore, & qui n'eft pas abfolument compatible avec le mécanisme, c'eft que le même individu paffe bien fouvent de contraire à contraire, & paroît devenir contradictoire en foi-même. Pourquoi la machine du corps humain, ne change-t-elle pas de figure, comme l'Efprit humain change de raifonnement, d'inclination, & de forme? D'où vient qu'un homme vivant ne fauroit renoncer pour longtems à la nouriture fans mourir? qu'il lui eft presque impoffible de s'empêther de rire quelquefois, de pleurer, de fuer, & de cent autres actions naturelles, conféquentes au machinisme du corps humain? Au contraire rien n'eft plus fréquent que de raifonner de travers, de diverfifier les goûts à l'infini, & de s'attacher à ceux qui paroiffent les moins naturels. Eft-il fi rare de voir le même homme devenir raifonnable, & déraifonnable; fçavant, ou ignorant; lâche ou magnanime; fage ou fot; modefte, ou impudent; doux ou brutal? Eft-ce qu'une chandelle pourroit éclairer pendant la nuit, & répandre les ténèbres pendant

B 5

le

le jour? Un moulin à vent ſerviroit-il de
vaiſſeau pour aller aux Indes?

On chicaneroit bien mal-à-propos là-deſſus,
ſi on ſe rétranchoit ſur le délire, & ſur la folie, qu'on a tâché d'expliquer mécaniquement.
Tout le monde convient que ce ſont des maladies, en conſéquence d'un véritable dérangement d'organes : ce qui n'accommode en aucune manière, ces prétendus eſprits forts, qui
ſouffrent les mêmes accès de maladie, lorſqu'ils
prétendent raiſonner auſſi juſte, que durant la
plus parfaite ſanté. Tombons d'accord avec
eux, que leur ſyſtême de l'homme machine eſt
un véritable dérangement d'eſprit, & de cervelle, qu'il faut traiter & guérir, tout comme
le délire, & la manie.

Cependant l'Article principal ſubſiſte toujours; puiſqu'il n'y a rien de plus évident, que
le dérangement de la machine interrompt bien
ſouvent, & renverſe l'objet & l'action qui lui
convient : & ne répond nullement pour lors au
deſſein tout à fait immatériel, de celui qui l'a
inventée & conſtruite. Un homme qui raiſonne à rebours ne dit que trop, qu'il eſt hors
de lui, & qu'il faut raiſonner tout autrement
qu'il ne fait. Il eſt preſque impoſſible qu'il
n'en convienne quelquefois lui-même, après
le témoignage de tous ceux qui l'environnent.
Auſſi-bien voyons-nous que certains raiſonneurs
malheureux, tâchent toujours de ſe joindre à
leurs ſemblables, pour n'être pas contraints de
récon-

réconnoître, & d'avouer le renversement de leur cervelle.

C'est un fardeau insuportable pour eux, le gros de la Société humaine; & c'est un champ hérissé de chardon & d'épines, toute assemblée de personnes qui raisonnent conséquemment. Ils ne s'en tirent jamais, sans leur abandonner quelque lambeau de leurs haillons, & sans dissimuler la plûpart de leurs sentimens intérieurs, pour ne pas révolter contr'eux, la Société, & & l'humanité même. Car pourroit-il y avoir parmi ces gens-là, quelqu'un qui s'aperçût sincérement des attraits d'une vertu qui les incommode; & qui se rébutât des horreurs d'un vice qui flatte leurs passions? Ils mentent bien serré lorsqu'ils disent le contraire. L'Auteur de la fable des Abeilles, celui des Mœurs, & celui du parfait bonheur de Seneque, n'en disent tous seuls que trop, pour démontrer ma proposition. Cependant je ne me dispenserai d'entrer dans le petit détail qui suit.

CHAPITRE IV.

Quod tibi non vis alteri ne feceris, & quod tibi vis alteri feceris: c'est le grand principe où toute la Société humaine, toutes les loix, la justice, l'équité, & la jurisprudence se fondent. Nous réconnoissons aussi une autorité suprême qui déclare hautement: *Pront*

vultis ut faciant vobis homines; & vos facite illis similiter. On n'a pas encore trouvé per-
sonne qui ait osé nier ce principe général; & les plus détestables auteurs de tous les siècles en sont convenus, & en conviennent encore, comme du fondement unique, & du lien indisso-
luble de la Société. Le fameux Mr. Baile dans sa Cométe, pose cet unique principe comme in-
contestable, & tout autant qu'un Axiome, tel qu'il est en effect. Aussi-bien en fait-il un usage le plus extraordinaire du monde; car il pré-
tend prouver par là que des Athées formeroient une Société parfaite. Il est suivi aveuglement par tous les prétendus Esprits forts, qui se ré-
tranchent-là-dessus, pour combattre la nécessité de la Religion révelée, & diminuer l'horreur qu'on a naturellement pour les irreligionaires.

Mais ce qui est bien difficile à comprendre, c'est que Puffendorf, Cumberland, Gravina, & d'autres, qui ont saisi les prémiers postes par-
mis les grands jurisconsultes, s'en soyent laissé imposer sur cet important Article, & n'ayent pas tâché de le tirer des tenèbres qui l'envélop-
pent. Ils ont posé des fondemens peu solides, empressés de sécouer un certain joug, dont ils s'embarrassoient mal-à-propos; & c'est par là que leurs Systêmes quoique composés avec un art admirable, & soûtenus de raisonnemens fort bons, clochent, & plient toujours comme des ro-
seaux au gré de tous les vents. Le jeune Té-
lémaque, se croyoit ainsi quelques fois gené
par

par ſon Mentor. Il auroit même ſouhaité de s'en défaire, quoiqu'enfin il lui fût redévable de ſon heureuſe délivrance de l'eſclavage de la ſéduiſante Calipſo.

Pourroit-on imaginer rien de plus foible, & de plus chancellant, que le Droit des Gens, que ces Meſſieurs ont expliqué, & qu'ils débitent, comme fondé ſur le conſentement des Nations policées? Grand Dieu! Où ce conſentement s'eſt-il fait? Qui en a jamais parlé dans l'hiſtoire? Comment s'eſt-il pû faire dans la ſuite des Siècles? D'où vient que les Barbares y paroiſſent compris; car on tire d'eux-mêmes les exemples, & les documens les plus forts, & les plus évidens, pour le faire valoir? L'auteur ingénieux de *l'Eſprit des Loix*, n'a pas non plus oſé ſortir de cette carrière; quoiqu'un tel Droit des Gens ſoit incombinable, avec ſa prétendue dépendance des loix, du climat, & de la nature du païs. Cependant l'homicide, l'adultère, le vol, la fraude, la violence, & l'irreligion, ne ſont pas moins proſcrites par tout, où il ſe trouve une Société humaine, dans quelque climat, & dans quelque païs qu'on la cherche.

Tous ces graves Auteurs ont tremblé d'avouer, que tous les hommes originellement, ne formoient qu'une famille, & deſcendoient d'un ſeul couple: car c'eſt, dit-on, une ſeule hiſtoire ancienne qui en parle, & qui s'attribue une autorité ſuprême & divine. Non-obſtant c'eſt la ſource unique & véritable, d'où découle avec

la

la dernière évidence, le Droit des Gens, que tout homme est contraint d'avouer, & de s'y soumettre aussitôt qu'il comprend de vivre en société. Il n'y a ni Grec ni Barbare, qui puisse s'en dispenser, ni le revoquer en doute, sans avoir recours à un consentement imaginaire, & qui n'auroit jamais existé. Mais une fois posé & reconnu un fait aussi essentiel, on comprend d'abord qu'il en dérive d'autres conséquences qui choquent le libertinage intérieur, auquel les sçavans du siècle ont bien de la peine à renoncer.

Aussi a-t-on vû dernièrement quantité de malheureuses brochures sortir dans le monde, sans aucun égard pour le nom illustre de ces Auteurs respectables, & les attaquer vivement sur leurs principes, avec tant d'apparence, que beaucoup d'idiots se sont laissés séduire, faute de connoître d'autres garants, que l'esprit humain, toujours sujet à s'égarer. C'est bien aussi par là, que la Politique machiavellise hardiment dans le cabinet, sans se faire le moindre scrupule, de violer & renverser les préceptes les plus formels de tous ces Oracles de jurisprudence. On prétend que celui de Delphes ne donnoit que des réponses susceptibles de divers sens souvent contraires, pour sauver toujours l'honneur d'Apollon. N'en pourroit-il pas arriver de même à présent aux Pufendorfs, Cumberlands, Gravines, & Montesquioux? Pour le moins est-il évident, que bien de fois ils n'ont

pas

pas raisonné conséquemment, ou que certains
égards les ont empéchés de le faire; comme il
n'est pas difficile de s'en apercevoir, dès qu'on
donne quelque attention à leurs ouvrages.

Il est impossible qu'à des personnes aussi éclairées & pénétrantes que ces Auteurs renommés,
il puisse leur être échappé ce qu'on va remarquer dans le chapitre suivant. Mais comme
cela les auroit menés tout droit à la nécessité
de la Révélation, dont ils apréhendent les suites: ainsi ils n'ont pas osé fouiller plus à fond,
pour découvrir à nud les bases de la Société,
ni d'écarter en même tems les nuages, qui leur
cachoient le soleil de la justice éternelle.

CHAPITRE V.

L'Axiome dont nous avons fait mention dans
le Chapitre précedent : *Quod tibi non vis
alteri ne feceris; & quod tibi vis alteri feceris*, méritoit bien les considérations suivantes.

I. Chaqu'un y aprend à faire de soi-même la
règle de tous les autres : puisque c'est sur ce
que chaqu'un veut ou ne veut pas lui-même,
qu'il en doit conclure ce qui plaît, ou ne plaît
pas aux autres, pour en agir avec eux sur ce
ton-là. Rien n'est plus positif. *Quod tibi vis,*
ou bien *Quod tibi non vis.* L'Amour propre
doit être fort content d'un Axiome semblable.
Cependant rien n'est plus juste que cet Axiome-
là,

là; & en même tems, rien n'est plus dangereux, si on l'abandonne sans tuteur, entre les
mains de chaque particulier, pour en faire un
usage arbitraire.   Il y faut une règle; sans
cela, rien de plus pernicieux pour la Société
humaine.

La grande diversité, & contrariété même des
Loix parmi les différentes Nations du monde,
& principalement des moins connues, dont Mr.
de M**. parlé, presque à l'abri des contradictions, qu'on pourroit lui faire sur les Loix
des Grecs, des Romains, & de leurs successeurs,
prouve suffisamment, que ce qui plaît aux uns,
ne sauroit souvent plaire aux autres: & qu'on
abuseroit fort de l'Axiome dans la société, si
on le suivoit cruément tout comme il est proposé.   A la vérité tout ce qu'il raporte là-dessus est fort incertain: mais quand il n'y auroit
que la moitié qui fût véritable, il y en auroit
d'avance, pour prouver que ce qui accommode
les uns, n'accommoderoit pas les autres; &
peut-être même les choqueroit furieusement.

Particularisons un peu, & cette importante
vérité en éclatera davantage. Sans parler d'un
enfant qui aime les poupées, & les babioles,
qui fatiguent les hommes faits; il est manifeste
que tout homme pendant la jeunesse, feroit
grand tort aux autres plus âgés, de les traiter
comme il se plaît lui-même.   Un homme sérieux dans les affaires, se rébuteroit furieusement d'une vie de plaisirs & de divertissemens

con-

continuels, qu'il ne goûteroit point, qui lui abattroit la santé, & lui rendroit ennuieuse la vie, après l'avoir ruiné dans son domestique. Celui-ci tout de même se tromperoit fort de prétendre, que la jeunesse se réglât selon son bon plaisir. Il auroit beau produire l'Axiome, *quod tibi vis alteri feceris* ; j'aime, diroit-il, à me régler de cette façon-là; il ne m'en faut pas d'avantage, pour prétendre que tous les autres en fassent de même. On se moqueroit de lui, & de son Axiome; & on n'auroit pas grand tort à le faire.

N'allez pas m'objecter, que cette diversité ne regarde que la manière de vivre, & qu'elle n'entre point dans les mœurs, dans les vertus, & dans les vices. Non non, c'est presque la même chose. Un homme qui n'aime pas sa femme, & qui soûpire après celle d'un autre, aimeroit bien un troc, qui passe pour un double adultère. Un autre qui aime la sienne, & qui peut-être n'y suffit pas, auroit en horreur le prémier. Comment mettre d'accord ces deux personnes dans la Société? chaqu'un d'eux se récrie sur le droit que lui donneroit l'Axiome en question. Nous avons mille exemples d'hommes poussés à bout par la fortune, & aveuglés par la colère, & par le désespoir, qui se trouvent leur propre vie à charge, & s'en défont à l'Angloise. Leur bon plaisir alors serviroit-il à les justifier, s'ils contribuoient à la mort des autres ? Y a-t-il rien de plus fré-

C

quent

quent au monde, que d'entendre des perfonnes, qui fe plaifent beaucoup à médire, & qui
confentent volontiers qu'on faffe de même avec
eux ? Sont-ils juftifiés pour cela ? Point du tout.
Cependant tous ces gens-là, ne feroient-ils
pas aux autres, ce qu'ils aiment qu'on leur
faffe ?

Suivons encore Mr. de M^{on}. Son ftile coul-
lant, vif, & naturel, eft un torrent de lait,
détrempé d'excellent vin de Champagne, qui
m'entraine, lors-même que je ne faurois être
d'accord avec lui. Le grand principe, dit-il,
qui agit dans les Republiques, c'eft la vertu:
Celui de la Monarchie, c'eft le point d'honneur,
& celui du Defpotisme eft la force. Il croit
même presque incompatible la vertu avec la
Monarchie, & le point d'honneur avec le
Defpotisme. Voilà qui eft tout à fait ingénieux, quoique peu ou point folide. Mais en
le fuppofant un moment avec cet admirable
Auteur, l'Axiome en queftion embarrafferoit fort
les hommes, dans ces trois différentes formes de
Gouvernement. Les Royaliftes fe croiroient
en droit de demander, que les Republiquains en
agiffent avec eux par le point d'honneur ; &
ceux-ci ne manqueroient pas de répondre, que
leur point d'honneur eft un fantôme creux,
qu'on tâche de réalifer en vain. Qu'il n'y a
rien de folide que la vertu. Le Defpotique fe
moqueroit de tous les deux. A quoi ferviroit
donc l'Axiome ; & comment oferoit-on foutenir
que,

que, *quod tibi vis, alteri feceris*, soit le fondement & le lien de la société ? Ne seroit-ce
pas le contraire ? Tous les défauts qu'on attribue à l'Amour propre, parmi les hommes,
& qu'on regarde comme la source de tous les
malheurs du Monde, ne conviendroient-ils pas
à l'Axiome ci-dessus, s'il étoit pris tout crû,
prout verba sonant ? Cependant rien n'est plus
véritable, rien n'est plus solide, ni plus évident que cet Axiome, pourvû que ce soit dans
les règles, & dans les justes bornes. Mais à
qui appartiendra-t-il de les imposer ?

CHAPITRE IV.

De quel droit un homme seroit-il obligé
de faire aux autres, ce qu'il veut qu'on
lui fasse ? Qui a imposé un tel droit? qui le
protége ? qui le venge? Je ne crois pas qu'on
s'avise de dire, que ce droit soit imposé par le
concours & la combinaison de toutes les parties:
car on demanderoit aussitôt, quelle est la main
qui pousse & qui dispose toutes les parties à
concourrir, & à combiner ensemble, de la façon
unique, qui constitue la totalité. De toute autre manière que la disposition se fasse, ce ne seroit plus la même machine, & l'action & l'objet n'en sauroit plus subsister. Il n'y a point
de Matématicien, ni de tête raisonnable, qui

ne soit contrainte d'avoüer, que c'est le dessein,
l'idée du Machiniste, qui impose un droit ab-
solu sur son ouvrage, & sur toutes les parties
qui le composent ; pourvû qu'il ait les égards
convenables à la matière qu'il choisit, pour le
composer.　On se tromperoit fort de former
les roues d'une Montre de cire, ou de craïe :
il faut du métal, ou du bois très dur.　On a
beau chercher le mouvement perpetuel.　Il ne
sauroit subsister faute de matière, qui ne s'usât
& déperît enfin.

On mettroit aux petites maisons, tout homme qui ne se proposeroit pas un tel principe,
en composant, ou en raisonnant d'une Machine ; quoiqu'on écoute tranquillement ceux qui
l'abandonnent en parlant de l'Univers, & de la
Société humaine.　L'Auteur des hommes, dans
le dessein & projet formé pour les faire, a pû
seul imposer le devoir, qu'un chaqu'un traitât
les autres, comme il vouloit être traité lui-
même, car cela étoit convenable & nécessaire
aux hommes pour former la société, de laquelle dépend principalement leur bien être.　C'est
par là que le ressort communique à toutes les
différentes parties, le mouvement, & le refrain
nécessaire pour l'action de toute la machine.
Chaque partie en reçevant l'impulsion, la doit
communiquer aussi, & vaincre le degré de resistance indispensable au corps : ce qui se manifeste par le frottement des parties, qui s'usent
par là reciproquement, & s'affoiblissent petit-
à-petit,

à-petit, de façon que devenues tout à fait inutiles, il faut les remplacer par d'autres, ou ré-
fondre les prémieres pour faire fubfifter la
machine.

Pourquoi direz-vous, doit-il y avoir un
tel frottement, dont les conféquenes font fi fu-
neftes? que n'a-t-on pas choifi quelque chofe où
un tel frottement n'entrât point? C'eft qu'il
n'y en avoit pas dans la Nature, & qu'il n'y
en fauroit avoir, où il y a une matière corporelle; car on ne fait pas des Machines fpiri-
tuelles, qu'en idée, en projet, & en fuppofi-
tion des corps, qui les doivent former. Le
mouvement ne fauroit fe communiquer, que
par le touchement, & celui-ci fe fait par l'ad-
héfion des parties fuperficielles des deux corps
qui fe joignent; lefquels ne reftans pas tran-
quiles, & fe mouvans tout de fuite, il arrive
que les unes emportent les autres. C'eft pourquoi le frottement ufe & confume également le
fort & le foible, plus ou moins que la refiftance, & la célerité augmentent.

Mais pourquoi, direz-vous, le Corps
doit-il avoir des parties, qu'on peut lui enlever par le frottement? C'eft que fans cela, on
n'auroit jamais pû rien faire de lui, ni en rien
compofer au monde. Sans cette divifibilité,
pourroit-on former des roues, des pefnes, des
fufeaux, des dents, & autres inftrumens femblables? Tout ce qui fe forme, ne fe fait que
par ce prétendu défaut de la matière corporelle.

C 3

Ne

Ne vaut-il pas mieux encore, que le corps s'ufe
& fe confume, pourvû qu'on en faffe quelque
chofe, que de n'en pouvoir rien faire du tout,
& qu'il ne s'ufât, & ne deperît jamais ?

Voilà ce qui doit nous faire bien comprendre la néceffité indifpenfable de faire aux autres
ce que nous aimons qu'on nous faffe, pour fe
communiquer reciproquement le mouvement
& le refrain convenable à la fubfiftance de la
Société humaine ; quoi qu'il paroiffe en coûter
aux parties ; puisque c'eft par là-même, qu'elles
reçoivent autant qu'elles donnent, & qu'elles
ne fauroient avoir d'activité que par là.   A
quoi bon, qu'il y eut des Etres immobiles, &
immuables ? Quand on feroit un marbre, il
faudroit avouer, qu'il vaut mieux fouffrir, &
jouir fucceffivement, que de n'être jamais fu-
fceptible de l'un & de l'autre.

Vous voudriez que le mouvement fe com-
muniquât fans frottement, & vous tombez en
contradiction. C'eft une imagination creufe, &
un fouhait autant impoffible, que déraifonnable. Un corps qui enlevât les parties à tous
les autres, fans perdre aucune des fiennes, eft
un abfurde, qui ne mérite pas qu'on s'y arrête.
Ne feroit-ce pas un fouhait qui démentiroit la
nature même du corps ? Tout ce qui eft corps,
doit avoir la même corporéité, & la même nature. Ce qui ne l'auroit pas, que feroit-il ?
Il n'y a point d'enfant imbecile, ni de vieillard
radotteur, qui ne doive comprendre l'extrava-

gance

gance de cette chimère. Vous n'avez qu'à lui proposer, d'être lui-même le corps foible qui déperit toujours, pendant que l'autre reste toujours immuable. Il vous demandera, pourquoi ? & n'aura pas tort.

CHAPITRE VII.

Il y auroit bien d'autres considérations à faire là-dessus, pour prouver, que cette égalité est nécessaire & indispensable ; mais comme je ne parle ici qu'à des personnes sensées, je ne doute pas que tout le reste ne leur saute aux yeux. Je ne saurois cependant me dispenser de faire une remarque très essentielle : & c'est que les mêmes parties qui s'usent & déperissent, par l'attouchement & le frottement indispensable au corps, pourroient bien se rétablir à mesure qu'elles se perdent, & s'évanouissent : si les corps se les reciproquoient en même tems qu'ils se les enlevent les uns aux autres. Pour lors la machine subsisteroit toujours dans une parfaite totalité : & c'est sans doute ce qui devoit arriver à la société humaine, par le parfait accomplissement du devoir, de faire aux autres ce que nous aimons qu'ils nous fassent. Mais il faut pour cela que la nature soit par tout également parfaite ; que la force magnétique soit également distribuée, & vive ; & qu'il n'y ait

pas

pas la moindre partie corrompue, dont le poison soit communicable, & la corruption con-
tagieuse.   Il faut qu'aucune ne puisse manquer
ou redoubler son choc, hors de tems, & de
mesure.

Voilà ce qui ne sauroit arriver autrement,
que par une longue expérience, & par le hazard de toute sorte de dangers, propres à in-
struire des individus qui sont fournis de discernement, & dont le fond de la nature active est
capable d'un convenable rétablissement.   On a
beau prêcher aux hommes & les convaincre par
les raisonnemens les plus forts :   ce n'est que
l'éxpérience formelle, aidée de la réfléxion, qui
peut nous aprendre à aimer qu'on nous traite,
ainsi qu'il nous convient par raison, & non pas
par caprice ; & pour lors traiter les autres sur
ce même pied-là.   Mais tout aprendre par l'expérience, c'est trop hazarder, ainsi que nous
en sommes bien instruits, par les malheurs que
nous nous attirons, du moment que nous vou-
lons sécouer le joug de la loi préceptive.   Ce
n'est ni fourberie, ni hazard, que tout le
genre humain s'y soit soumis depuis tous les
siècles, & s'y soumette bien volontiers encore.
C'est que tout le monde comprend aisément,
que pour goûter les plaisirs dont l'humanité est
susceptible, & pour s'épargner les plus grands
chagrins, autant qu'il est possible, il faut avoir
une loi qui prévienne, & qui rédresse les expériences pernicieuses.

Quel-

Quelques talens qu'ait un nouvel machiniste, il hazardera toujours infiniment, & aura bien de la peine à se tirer de mille embarras, qui se présenteront à lui, dans la construction de sa Machine, s'il n'a récours aux loix de la Mécanique, qui lui viennent par tradition. Quand même ses prédecesseurs ne les auroient aprises & proposées, que par les différentes expériences, qu'ils furent contraints de faire; tous ceux qui viennent après, ne sauroient s'en passer; soit pour abréger le chemin, soit pour écarter le grand nombre de casualités, auxquelles ils seroient sujets. C'est ainsi que tout homme de bon sens doit être ravi, qu'on lui propose des règles, & qu'on lui impose des loix, pour cribler les desirs qui s'élevent en foule dans son cœur; & pour aider l'accomplissement des souhaits qui sont les plus convenables, & proportionnés à la situation où il se trouve.

Mais pourquoi, demanderez-vous, tout homme n'a-t-il pas dans soi-même cette règle, & cette loi, & se doit-il contraindre dans les souhaits que sa nature même produit? Ah! n'attribuons pas à la Nature tous les souhaits qui se forment parmi les hommes. On se tromperoit fort de lui attribuer ceux qui se forment par les malades, & les frénétiques. Il faut bien distinguer, ce que la nature demande en bonne santé, de ce que la maladie produit. Un homme libre forme des souhaits tous

diffé-

différens d'un misérable esclave qui languit dans les fers: & celui qui est livré à la plus violente passion, auroit grand tort de dire, que c'est la Nature qui demande à se satisfaire. Peut-être auroit-on de la peine à reconnoître la Nature, pendant une maladie mortelle, un rude esclavage, & une violente passion, qui nous aveugle. Si l'état d'un malade, d'un esclave, & d'un passionné, n'est pas bien marqué & distingué, on hazarderoit de périr mille fois, lors qu'on voudroit se guérir, se mettre en liberté, & se tranquiliser.

Toute Jurisprudence, toute Morale, & toute Politique, qui n'a pas commencé par cette distinction principale, n'a jamais rien produit qui vaille: & Aristote même, faute de cela, a donné tous ses préceptes en vain. Platon a mieux rencontré, car il a reconnû une espèce de faute originelle qui a mis de travers l'esprit humain: mais ce n'est pas tout encore. Il falloit bien davantage, & c'est ce que l'Evangile uniquement a pû faire. Je ne doute pas qu'à nommer seulement l'Evangile, la plûpart des prétendus Esprits forts, ne se révoltent contre ce petit ouvrage, & n'en tronquent aussitôt la lecture. Voilà une prévention mortelle, qui ajoute un nouvel argument à ma Thèse.

Un homme qui languit dans les ardeurs d'une fiévre chaude, & qui brûle de soif, ne manquera pas de se plaindre du tort qu'on lui fait, si on lui refuse de l'eau fraiche. Il vous dira que

l'amer-

l'amertume du spécifique, & que la douleur
de la faignée, font contraires à la Nature; &
ne dit pas mal, car la Nature en fanté, ne demande pas cela.   C'eft à la maladie, que le
fpécifique & la faignée font convenables, & non
pas à la nature : mais la plus grande disgrace
du malade, c'eft qu'il manque du difcernement
néceffaire, pour fe reconnoître dans l'état où
il fe trouve, & des remedes dont il a defoin.
Si on abandonne un pauvre malade à fon raifonnement il eft perdu tout à fait.   On ne permet pas aux Medecins mêmes de fe traiter tous
feuls pendant leurs propres maladies.   Il faut
des perfonnes en fanté, & de fçavans Medecins, pour traiter les malades, & les conduire
à un rétabliffement convenable; & c'eft ce qui
eft bien difficile d'obtenir, particulièrement dans
les maladies contagieufes.   Cet exémple n'ex-
pliqueroit-il pas les abus qu'on fait fi fouvent
de l'Axiome en queftion, parmi les mortels,
ainfi que nous l'avons remarqué ci-deffus? Que
fi le genre humain étoit généralement corrom-
pû, & fujet à toute forte d'illufions & d'égaremens : comment pourroit-on fe fier à lui, pour
régler les connoiffances & les fouhaits, qui fe
diverfifient fi fort, parmi les individus qui le
compofent?

CHAPITRE VIII.

Pour peu de réfléxion qu'on faſſe ſur ce qui arrive au corps humain, par la folie, & les maladies héreditaires dans les familles, & par les mauvaiſes habitudes qui en dérivent, on n'aura aucune peine à comprendre, comment les hommes ſont tombés dans la dernière barbarie, par le défaut de la ſociété, dont la guerre, les inondations, & cent autres accidens les auront ſéparés. Non, il n'eſt pas néceſſaire de recourrir au choc de quelque Comète avec notre Globe, pour expliquer la différence des couleurs, des inclinations, & des coſtumes des différens peuples, comme des arbres, & des animaux des différens climats. Les Nations les plus civiliſées de nos jours, n'étoient-elles pas barbares autrefois ; & les barbares d'aujourd'hui ne vivent-ils pas dans les climats des Nations autrefois policées, & qui cultivoient admirablement bien les ſciences, & les arts ? Je ne m'étonne point que les Maures trouvent de la beauté à leurs femmes, auſſi-bien que ceux du Malabar à leurs groſſes jambes, & tant d'autres peuples à leurs extravagantes parures. Peu à peu les Européens s'y accoſtument auſſi, & y trouvent enfin quelque eſpèce de goût. Les François autrefois ne pouvoient ſouffrir la Muſique Italienne, & trouvoient ridicules tous nos Théatres. Petit à petit ils commen-

cent

cent à la goûter, comme les Anglois, les Allemans, & les Espagnols, quoiqu'ils n'entendent presque point l'Italien. Nous-mêmes qui trouvions autrefois insupportable la Musique des Orientaux, nous venons d'en inserer une partie dans la nôtre, ainsi que des autres Nations de l'Europe. On en a d'abord été surpris par la nouveauté, & nous y avons trouvé du goût, aussitôt que quelque bon maître de Musique y a travaillé, & nous l'a proposée. C'est ainsi du reste.

Les grandes chaleurs & les frimats des différentes Zones, peuvent bien influer plus ou moins dans les modes, dans les façons de s'habiller, de coucher, & de servir la table: & peut-être même pour rallentir, ou exciter la sensualité: mais dans quelques climats du monde, que se trouve une société humaine, elle ne sauroit subsister, sans proscrire l'irreligion, l'homicide, l'adultère, le larcin, la fraude, & la violence. C'est l'humanité qui est par tout la même, & qui s'arme contre tout ce qui dissout & détruit la société. Les remedes, si vous voulez, seront plus rudes ou plus doux chez les uns, que chez les autres à proportion de la resistance phisique des corps, & de la culture des esprits: mais cultivez les uns, & barbarisez les autres, vous y trouverez aussitôt l'égalité, qu'on recherche, non pas faute de la voir, mais faute de la vouloir.

Je

Je demande pardon à M. de M^{on}, si je ne
saurois le suivre dans tous ses raisonnemens
phisiques, pour prouver que la différence du
climat doit influer sur les loix des différens
païs, & métamorphoser leurs Esprits, tout comme chez les anciens Poëtes : Nymphes & Fau-
nes ou Satirs sur Terre; Tritons, Nereïdes,
ou Sirenes sur Mer. Pour moi je sçai bien
qu'un Ministre Espagnol, va resider plusieurs
années à Stokolm, ou à Petersburg, & n'en revient pas moins avec toutes ses inclinations
Espagnoles. Un autre va de Stokolm ou de
Petersbourg à Madrit, & y reste trente ans, sans
perdre son tempérament, & tous les penchans
Russes & Suedois. J'en reviens toujours là.
Un culte de la Divinité, une pureté de mariage,
& une sureté de la vie, des biens, & de l'honneur, ne sauroient manquer, quelque coin des
plus reculés de l'Univers qu'on aille fouiller.
Le grand principe de traiter son voisin, comme
nous aimons qu'il nous traite, se trouve par
tout, quelque mauvaise application qu'on en
fasse. Par tout où il y a des hommes, il y a des
égaremens, & des extravagances, qui grossissent
encore par leur nombre : mais donnez-leur le
tems & la force de se reconnoître, il y en aura
toujours plusieurs de guéris. S'il étoit possible
de rétablir en santé tous les malades des petites maisons, vous auriez presque aussitôt tellement concilié leurs besoins, & leurs souhaits,
que vous en feriez un seul cœur & un seul esprit.

pour

pour ce qui regarde les nécessités de la vie, qui est la même en tous.

Mais comment persuaderiez-vous un nombre infini de fols, qui, non obstant leur folie, sentent fort bien leur égalité, & ne sauroient convenir que fort rarement sur les avis de leurs semblables, pourvû même qu'ils ne paroissent pas vouloir leur en imposer? Comme ils ne perdent pas la faculté de raisonner, & que le dérangement des organes les conduit toûjours de travers, sans qu'ils s'en aperçoivent: ils se persuadent toûjours eux-mêmes, sans persuader les autres. Rien n'est plus commun que de les voir s'obstiner furieusement, & ne démordre jamais coûte qui coûte. Vous ne viendriez jamais à bout de leur faire avouer, que le noir est noir. Ils vous diront qu'il est amer, ou obtus: mais pas un mot qui s'appartienne aux couleurs. Le point d'honneur n'est jamais porté à si haut point, que parmi ces malheureux. Ils sont prêts à se sacrifier eux-mêmes, & tout le reste du monde, pour n'en avoir pas le démenti. Ils ne savent ce que c'est que ceder qu'à la force, & fort rarement à la douceur; aussi bien faut-il employer la faim, les fers, & les coups, pour les tranquiliser un peu; car pour leur guérison parfaite, il ne faut pas moins que rétablir, & refondre les organes.

CHA.

CHAPITRE IX.

Ne vous offencez pas, si je vous propose un exemple semblable, pour remonter à la source des contradictions, qui se font rémarquer dans le genre humain, & que nos Auteurs modernes ont pris à tache d'augmenter le plus qu'il est possible, & même au delà. Ce n'est pas moi qui manque au respect & à la tendresse qu'on doit à l'humanité. Je voudrois bien l'épargner & la rapeller de tous ses égaremens : mais on les a fait résonner si haut aujourd'hui, qu'il n'y a presque plus d'Echo dans le monde, qui n'en fasse une repetition incessante. Ecoutons-le pour un moment, sans en faire de triste usage. A quoi sert-il, dit-on, que tous le peuples de la Terre, & les plus barbares mêmes détestent l'irreligion, l'homicide, l'adultère, le larcin, le mensonge, la fraude, & tant d'autres crimes semblables, si l'on n'en trouve pas deux parfaitement d'accord sur ces Articles ?

Le culte que tout le monde avoue qu'on doit à la Divinité, est généralement tout extérieur : mais la plûpart le demandent intérieur aussi. Ceux qui n'en veulent point du tout, prétendent qu'il ne doit être qu'intérieur. D'autres soutiennent, que c'est uniquement par la vertu, qu'on honore les Dieux. Le peuple se retranche sur les ceremonies. Mais ce n'est pas tout. Les uns abborrent tout autre objet de culte, que le spirituel. D'autres n'en connoiſſent que de corporel; & d'autres enfin joignent l'un à l'autre. Chez les uns on déteſte la pluralité des Dieux. Chez d'autres on adore tout ce qui peut ſimboliſer la Divinité. Grand nombre auſſi adore toute ſa vie, ſans avoir qu'une idée vague & changeante. Les recompenſes & le peines éternelles, que toute Religion établit, n'ont jamais perſuadé les malheureux Saducéens, & les novateurs du Siècle. Enfin *l'Eſprit des loix* au Liv. XXIV. Chap. XIV, n'a pas héſité de prononcer, que *des hommes qui croyent des recompenſes ſûres dans l'autre vie, échapperont au Legislateur. Ils auront trop de mépris pour la mort. Quel moyen de contenir par les loix, un homme qui croit être ſûr, que la plus grande peine que les magiſtrats lui pourront infliger, finira dans un moment, pour commencer ſon bonheur éternel?* A-t-on jamais prononcé un démenti ſemblable à tous les Legislateurs de la Terre, ſans en excepter un ſeul? On n'a jamais connû d'autre moyen poux fixer l'obſervation des loix, que les recompenſes, & les peines éternelles. Qui eſt-ce qui n'aura pas l'eſprit de retorquer le prétendû argument, pour dire: *Quel moyen de contenir par les loix un homme qui croit être ſûr d'échapper & de ſe mettre à couvert des peines que les magiſtrats lui pourroient infliger?* Non ſeulement on peut aiſément s'en perſuader: mais le plus grand nombre n'emploieroient-ils

D

pas

pas le vert & le fec pour y réuffir, & ne fe joindroient-ils pas enfemble pour éluder la peine de leurs forfaits, fi généralement ils n'étoient rétenus par la crainte des maux, & l'efpérance dès biens, & du pardon éternel? Ce n'eft ni le tems ni le lieu d'en dire davantage. Il fuffit feulement de reconnoître ici, que l'efprit humain abandonné à lui-même, tombe inceffamment dans les dernières extravagances & contradictions, fur ce principal Article. Paffons plus legérement fur le refte.

L'homicide généralement reprouvé & puni, ne laiffe pas d'être un fujet de louanges & d'honneur à la guerre, dans la Gimmaftique, dans les combats finguliers: & de s'attribuer mille excufes dans une infinité de cas, qui le font échapper de la jufte punition, qu'on lui doit.

Le larcin a fes partifans auffi, jusque parmi les Legislateurs. La guerre, la politique, & la néceffité femblent le juftifier en plufieurs occafions: & il faut bien convenir que celui qui a l'adreffe de dérober le plus, & à un plus grand nombre, en eft moins puni; & que fi on parvient à l'effronterie & à la violence de dérober à tous, c'eft quelques fois un objet d'admiration, & un fujet de gloire.

Rien n'eft plus malaifé à fixer que l'adultère, que tout le monde détefte & punit. Quelques peuples n'en vouloient point connoître du tout, pour les femmes, & moins encore pour les maris. D'autres ne regardoient comme adultères

tères que les femmes qui abandonnoient tout à fait leur mari & leur famille, pour se livrer à d'autres. Les uns soutiennent que toute couche arbitraire de la femme, sans la permission du mari est un véritable adultère; pendant que d'autres fixoient des tems, & des circonstances, où tout libertinage étoit permis, & même consacré chez les Idolatres. Enfin prêter sa femme à d'autres n'étoit pas contraire à la Loi Catonienne: pendant que d'autres condamnoient d'adultère, non seulement toute action lubrique, mais jusques aux souhaits, & aux pensées impudiques, pour les femmes mariées. Les maris furent fort épargnés là-dessus; à la reserve de certains raffineurs qui poussèrent le scrupule à l'infini.

Pour la fraude & le mensonge qui sont condamnés par tout en général, c'est fort rare qu'ils le soient, en particularisant les personnes, les intentions, & les conséquences. Il ne faut qu'interroger les Politiques, les Relâchés, & les Rigoristes, pour voir jusqu'à quel point la contradiction est poussée. Trêve du reste.

Oseroit-on dire après cela, que le genre humain ait le sens bien rassi, & qu'on puisse s'attendre de lui, quelque sécours important pour décider toutes ces questions, & cent d'autres qui n'intéressent pas moins l'humanité? Je me croirois le plus sot des mortels, si après cela je cherchois encore parmi les hommes la source des loix. Ce n'est pas qu'elle n'y dût être essentiellement, ainsi que la source de la santé:

mais c'eſt que la foibleſſe & la folie humaine, l'ont tellement envéloppée, & confondue, qu'il n'y a plus moyen de la connoître ni de la ſaiſir, pour la propoſer dans le délabrement où nous ſommes. Il faut bien que cette ſource féconde y ſoit, puisque toute l'humanité tombe d'accord des crimes qu'on doit proſcrire : mais les avenues en ſont ſi fort remplies de brouſſailles, & d'entraves, qu'il eſt abſolument impoſſible de pénétrer bien avant, ſans y mettre le feu, pour tout reduire en cendres.

Toute eſpérance n'eſt pas perdue pour cela. Qui a donné le droit, le protege, & le vange. Il a la bonté, & la force pour y réuſſir.

CHAPITRE X.

Ne dites pas que la force du raiſonnement humain peut toute ſeule défricher ce chemin-là, & pénétrer jusques aux ſources des loix, ſans guide & ſans ſécours : car cela eſt abſolument démenti depuis tous les ſiècles, & par les efforts les plus ſérieux & les plus obſtinés du nôtre, qui n'a rien avancé ſur cela, même après les plus excellens maîtres de l'art, tels que Ciceron & Plutarque. Ce n'eſt pas qu'on n'ait reconnû de loin, qu'il y doit avoir cette ſource lumineuſe & forte, à laquelle il n'eſt pas moins utile que néceſſaire de ſe ſoumettre : mais ceux qui ſe bornèrent à la rechercher parmi les hommes, s'égarèrent toûjours dans un vaſte Labyrinte.

rinte.   Ils ne proposérent que l'Axiome fameux, de traiter les autres comme nous aimons
qu'ils nous traitent; ce qui eſt fort bon en général, mais autant dangéreux qu'arbitraire dans
le particulier, ainſi que nous l'avons remarqué
cl-deſſus; à moins qu'une loi ſupérieure ne lui
impôſe des bornes, & une telle circonférence
qu'on n'oſe point franchir.   Or s'il faut cette
loi ſupérieure, pour le règler, ce n'eſt plus
l'Axiome qui ſoit la ſource: mais ce ſera cette
même loi qui le gouverne, & qui le barre par-
ci par-là, ſans quoi rien n'offenſeroit davantage
la ſociété, & les bonnes mœurs qui la peuvent
rendre heureuſe.   On diroit encore moins que
cette Loi ſupérieure, émane de la ſociété mé-
me, car il n'y eut jamais dans le monde, & il
n'y ſauroit avoir une aſſemblée générale du
genre humain; & les plus nombreuſes ſont toujours le moins d'accord entr'elles. Le ſexe,
l'âge, le climat, les coûtumes, & les intérêts de
chaque particulier, ſont trop oppoſés les uns
aux autres. Dire qu'il émane du petit nombre,
& de quelque ſociété particulière, qui en im-
poſá aux autres, par l'éclat de ſes lumières, &
par la force; cela n'eſt pas moins abſurde: car
point de brillant, & de violent qui dure; &
tout homme ne manque pas de ſe demander
à ſoi-même, pourquoi étant de la même nature,
n'auroit-il pas les mêmes droits que tout autre
qui veut lui en impoſer.

Direz - vous, qu'on impoſe au grand nombre,
en lui propoſant des biens, & des avantages,

qui lui arrachent ſon conſentement, & ſa ſoumiſſion : mais qui oſeroit ſoutenir, que chaque
particulier trouva ſon bonheur, & ſon avantage dans toutes les loix qu'un Legiſlateur, ou
une ſociété lui impoſe? Si cela pouvoit arriver, elles ne changeroient jamais; & leur accompliſſement exact ne ſauroit s'affoiblir, ainſi
que cela ne manque pas d'arriver dans toutes
les ſociétés imaginables. Que ſi vous vous re-
tranchez ſur l'étude & le ſavoir des Jurisconſul-
ſultes, vous abandonnez d'abord l'humanité
toute ſimple; & vous propoſez un vuide, & un
nom ſans réalité; ou bien quelque choſe de ſupérieur aux hommes, qui leur manifeſte le rapport des choſes, tout comme la lumière du Soleil, qui nous eſt tout à fait extérieure, nous
manifeſte les objets viſibles. Ce qui fait voir
aux hommes, ne leur ſauroit pas plus appartenir, que ce qui les fait raiſonner, & réfléchir.
A la vérité l'organiſation des ſens eſt bien dans
nous-mêmes, & l'action & l'effet en dépend, ſi
vous voulez, comme de la parfaite organiſation
de l'œil. Mais ce n'eſt pas tout. L'œil ne
verra jamais rien ſi la lumière n'agit refléxive-
ment ſur lui. Il n'y aura d'autre différence
entre celui qui manque des yeux, & celui qui
manque de lumière, ſi non que le prémier ne
ſauroit jamais voir, quand même la lumière le
frapperoit : & le ſecond verroit auſſitôt qu'il
ouvriroit les yeux. Il faut s'aveugler ſoi-même,
pour ne pas avouer cette vérité, qu'il faut pour
bien raiſonner, être un homme parfaitement
orga-

organifé dans le cerveau, & dans les fens principaux : mais qu'avec toute la plus parfaite organifation du monde, l'homme ne raifonnera
jamais, s'il n'eft fourni de principes convenables aux fujets, d'une infinité de connoiffances
particulières, & d'une force fuffifante pour rapprocher les unes, & féparer les autres. Encore tout cela ne ferviroit-il pas beaucoup, fi
les objets fur lesquels on raifonne, ne font pas
compris clairement & diftinctement par l'entendement humain, à peu près comme la lumière peint les objets dans la retine de l'œil.

Ajoûtons encore, que tout ce qu'on apelle
fçavant parmi nous, c'eft celui qui a plus conferé,
lû, refléchi, & mûrement examiné ce qui a été dit
par les autres; de forte qu'il ne fauroit avoir de
fcience à préfent, qui ne vienne par tradition.
On y ajoûte, on retranche, on reforme, on propofe des nouveaux fiftêmes, ébauchés toujours par
d'autres, & combinés felon le goût, les prévén-
tions, & la mode: mais dans le fond tout eft
originé par les anciens, & n'a d'autre fource
que les traditions humaines. Or en remontant
jusqu'à leur fource, il faut une fois abandonner
la tradition, pour faire place ou à une revélation immédiate, ou à une fuite d'expériences
particulières, qui ont fixés les refléxions des
prémiers inventeurs des Arts & des Sciences.
Mais d'où vient que la Nature auroit attribué
le droit d'invention à ces prémiers hommes, &
ne l'auroit pas continué aux fucceffeurs? Car
rien n'eft plus évident, que depuis ce tems-là,

il n'y a plus de ſcience nouvelle, n'y d'art
nouveau parmi les hommes. Je n'ignore pas
que pluſieurs modernes auroient de la peine à
me paſſer cette propoſition: mais elle n'en
ſera pas moins véritable, pour tous ceux, qui
ne ſont pas prévenus pour la Buſſole, & pour
l'Aimant.

Ce que pluſieurs critiques ont dit de la Medecine, comme ſi c'étoit le fruit d'une infinité
d'expériences, dans la ſuite de pluſieurs ſiècles,
d'où le fameux Hipocrate a tiré ſes Aphoriſ-
mes, eſt fort ſujet à caution. Les preuves
qu'on en donne ſont fort équivoques. Les
Grecs de l'Aſie Mineure ont puiſé la Medecine
des Orientaux & Méridionaux, ainſi que le même Hipocrate en fait le rapport dans ſes ouvrages. Il peut bien paſſer pour Pere de la Medecine chez les Grecs, & même chez les Romains, qui ont presque tout adopté ce qui donna quelque luſtre à la Grece: mais qu'eſt-ce que
cela en comparaiſon du reſte du monde? On
pourroit m'oppoſer que nous n'avons aucun
reſte qui témoigne aſſez favorablement pour la
Medecine des Chaldéens, des Egyptiens, des
Aſſiriens, des Medes, des Perſans, des Indiens,
des Scythes, & des Chinois: mais cet argument ne prouveroit rien; car l'ancienne Medecine des Européens, ne fut-elle pas auſſi ren-
verſée de fond en comble, & tout à fait enſé-
velie, par les barbares? C'eſt un bonheur qu'il
nous ſoit reſté encore quelques livres anciens,
échap-

échappés à la barbarie des Gots, & à l'ignorance & à la superstition monacale.

Si les Asiatiques & les Afriquains ne nous
ont pas transmis leurs anciens auteurs de Medecine; ils ne nous en ont point transmis d'autres non plus: ainsi l'argument ne prouve rien.
Au contraire toutes les traces qui nous restent
de l'antiquité, marquent bien positivement, que
l'expérience servoit de base, & le raisonnement
suivoit toujours, & décidoit de l'application.
A la vérité on raisonnoit sur des principes qui
n'étoient pas si mécaniques, que ceux de nos
jours: mais nous serions fort embarrassés de
prouver que dans ce siècle ici on guérisse plus
de maladies, que du tems passé: si vous en ex-
ceptez les spécifiques du Quinquina, de l'Hipeca-
couana, & du Mercure, qui n'ont triomphé
de leurs antagonistes, que depuis fort peu d'années.

On n'auroit pas moins de peine à persuader
les hommes sensés, que la connoissance de tous
les Végéteaux, & des Minéraux, aussi bien que
de leurs vertus, & de leurs prodigieux effets se
doive originellement à la seule expérience. Je
veux bien dissimuler, ce que les Gentils eux-
mêmes nous ont rapporté de certaines vertus
des herbes, révelées par les Dieux, & ce que
les Juifs à bon droit soutiennent de Salomon:
mais je ne saurois m'empêcher de rire de tous
ceux qui nous donnent pour exemplaires des
Acoucheurs les Crapauts; des Lavemens les
Cigognes, & de la Saignée d'autres animaux.

Il faut bien avoir une baſſe opinion de l'eſpèce humaine, pour lui donner des bêtes pour pré-cepteurs; plûtôt que de leur accorder, une inſtruction divine. Je me garderai bien d'adopter des ſentimens ſemblables, non ſeulement pour l'honneur du genre humain ; mais parce que l'on doit ſe convaincre de leur fauſſeté. Quand même les hommes auroient apris quelque choſe des animaux, cela ne pourroit être arrivé, que par le raiſonnement, qu'on auroit fait ſur leur exemple: & c'eſt juſtement ce qu'on refuſe à l'ancienne Medecine.

CHAPITRE XI.

Cette petite digreſſion n'eſt pas hors d'œuvre. La Medecine a une analogie particulière avec la Juriſprudence. L'une & l'autre ſuppoſe une foibleſſe ou une infirmité dans les hommes; & en même tems un fond de ſanté, capable de ſe rétablir, & de ſe répriſtiner. S'il n'y avoit point de maladie, & point d'in-juſtice parmi nous, il n'y auroit ni Medecine, ni Juriſprudence. A quoi bon la Medecine pour l'homme qui jouït toujours d'une parfaite ſanté, & qui ne ſauroit devenir malade? Ainſi à quoi ſerviroit la loi pour le juſte, qui ne ſauroit tomber dans l'injuſtice? Car non ſeule-ment la loi ſuppoſe toujours le crime: mais elle l'apprend & l'occaſionne en le défendant, ſe-

lon

lon l'ancien proverbe *Nitimur in vetitum*. Cependant il faut bien se garder de l'équivoque, auquel on s'expose en parlant de la loi, qui a un double sens parmi les hommes.

L'idée que le vulgaire se forme des loix, n'est proprement que d'une volonté, & d'un pouvoir suprême, déclaré par une voix sonante, ou écrite; pour règler les actions des hommes, leurs droits, & leurs dépendances: Mais ce même vulgaire, remonte aussitôt à quelque chose de supérieur aux loix, lorsqu'il demande, si elles sont justes ou non. Cela marque bien positivement que la justice est généralement reconnue pour la loi suprême, & pour la source des loix; quoiqu'à leur tour les loix qui en découlent, rendent quelquefois juste, c'est à' dire permis, ce qui ne l'étoit pas autrefois, dans des circonstances différentes. Il est juste, par exemple, que tout bon citoyen travaille à la défense d'une place, pendant son siége: mais si un tel citoyen devient malade, & qu'à son âge il puisse risquer la santé, il doit être dispensé du travail proposé. Cela vous fait rémonter encore à une loi supérieure à la justice même, qui est l'équité; c'est à dire une justice proportionnée aux forces, & aux convenances singulières de chaque partie, qui compose le Tout. Ainsi peu à peu on rémonte jusqu'à une certaine loi générale, que nous tâcherons de démêler; & qui pourroit bien se faire connoître l'unique & véritable source des Loix.

La

La Loi fe prend généralemeut auffi parmi les Sçavans, pour cette néceffité naturelle, qui comprend l'Etre & le Bien-être de toutes les cho-fes, qui ne fauroient exifter ni fubfifter dans un état fuffifant & parfait, fans poffeder ni plus ni moins de ce que leur propre nature deman-de. C'eft pourquoi elle embraffe tout ce qu'il lui faut, fans aucun vuide à remplir ; car le furplus ne ferviroit, qu'à la furcharger, à l'em-barraffer, & à la fairè méconnoître. Voilà pourquoi on apelle Loi de la vue, la parfaite organifation de l'oeil, la proportion & la jufte diftribution de la lumière fur les objets, d'où elle réfléchit fur la retine, moyennant la pure-té conftante des fluides transparans & diapha-nes. Le plus ou le moins de tout cela, eft le défaut que la nature exclut de la vuë, fans ce-pendant l'annoncer préalablement, ni en don-ner aucune idée, ni aucun penchant pour s'y abandonner, ainfi qu'on l'attribue aux loix po-fitives. C'eft par là auffi qu'on apelle Loi de la ligne droite, fa propre nature, qui fubfifte parfaitement de foi-même, indépendamment de toutes les courbes imaginables. La Loi de la ligne circulaire, toute courbe qu'elle éft, n'eft pas non plus moins originelle de fa nature, fans aucun rapport, ni aucune dépendance de la ligne droite. Tous les Phifico-Mathématiciens ne difconviendront pas que la nature parfaite de chaque fubftance phifique, & de toute figure mathématique, eft fa propre loi invariable, trop fouvent ignorée, & trop fouvent fuppo-
fée,

fée, parmi les fçavans. Point de raifonnement au Monde fans la connoître ou la fuppofer : & point de difcours fuivi, qu'on puiffe comprendre, fans convenir fur cette connoiffance.

Cette Loi n'eft donc que la Nature telle, que fon prémier Auteur a bien voulû l'imaginer en foi-même, & la produire extérieurement par ces créatures, qu'on apelle des efprits, & des corps, dont tout ce vafte Univers fe forme & s'anime. Ce n'eft pas le moment encore de s'arrêter au deffein de l'Auteur fuprême, & à l'idée intérieure qu'il fe forma de l'Univers, & qui à notre égard eft fans doute éternelle. Je m'arrête uniquement à confiderer, que la Nature telle qu'elle fortit de fa main toute-puiffante, dans un état d'intégrité, devoit manifefter la fource que nous réchęrchons, & cette Loi primordiale dont toutes les autres pouvoient émaner dans la fuite. Mais hélas! cette intégrité primitive a bientôt difparû fur la Terre. Auffi-bien ne faut-il qu'un inftant, pour endommager & renverfer la vue la plus parfaite, auffitôt que la moindre impureté fe mêle dans l'humeur criftalline de l'oeil. Il n'en faut peut-être pas davantage, pour alterer la refléxion de la lumière, & le rapport qu'elle fait des objets à la retine. Voilà les uns renverfés, d'autres redoublés, quelques uns ne s'y tracer que fort languiffans, & d'autres enfin n'y parvenir plus tout à fait, puifque le mal augmente à grands pas, & le total aveuglement ne fauroit manquer de fuivre. Plus la

machine

machine eſt délicatement travaillée, plus elle eſt ſujette au dérangement, & le moindre dérangement eſt plus fatal pour elle. C'eſt une ſuite indiſpenſable de la délicateſſe des parties; tout comme cette même délicateſſe eſt indiſpenſable, pour·les machines d'un travail exquis, qui doivent agir avec une viteſſe & légéreté extrême : car il y a toujours moins de reſiſtance à vaincre où les parties ſont minces,& déliées.

Or auſſitôt que la Machine a ſouffert quelque dérangement d'importance, on a beau s'adreſſer à elle, pour apprendre la loi par laquelle elle exiſte , & par laquelle elle doit agir. C'eſt ce qui arrive à la Nature humaine, au rapport de laquelle on n'oſeroit plus ſe fier. Auſſi bien voyons nous, que tous ceux qui s'arrêtent aux apparences qu'elle préſente, s'égarent inceſſamment, & tombent dans les contradictions, & dans les fautes les plus lourdes, & les moins pardonnables, pour n'avoir pas. fondé auparavant le terrein, & examiné l'état d'intégrité ou de corruption où la Nature ſe trouve. Elle ne nous en avertit que trop en nous-mêmes, & dans tous les objets qui nous environnent. On n'a qu'à fixer un moment ſur un fol, & ſur un cadavre, & ſe demander après à ſoi-même, ſi cela convient, & combine avec tout ce qu'on remarque dans tout homme de bon ſens, & dans toute la beauté & la gracieuſeté du Sexe. Ces extrêmités qui ſont ſi bien marquées dans la Nature, doivent bien occaſionner toutes ces loix, ſi diſſonantes de la

droite

droite raison, que nos Auteurs modernes ont ramassé avec si grand soin, pour faire honte au Genre humain, & le rabaisser au dessous des Brûtes mêmes. Ce n'est pas moins de là, que les Jurisconsultes de nos jours, se contredisent incessamment entr'eux, à moins qu'ils ne conviennent pour faire place au Pyrronisme, & au bout fatal où il mene infailliblement. O l'admirable Machine, dont l'action seroit de se contredire incessamment, & se détruire enfin ! Cependant, n'est-ce pas là la Nature même, telle qu'elle se présente à nos yeux ?

CHAPITRE XII.

Non obstant cette Nature toute enrouée qu'elle est, elle n'a pas tout à fait perdu sa voix : mais elle est trop foible & obscure, pour rétentir aux oreilles distraites par le bruyant fracas du Monde, & des écoles modernes. Un Cumberland, un Gravina, un S. Hyacinthe, un Montesquiou, & tant d'autres, n'y sauroient faire une juste attention. Ce n'est pas, dis-je, qu'elle ne parle encore, sans qu'on puisse s'y tromper : car, par exemple, dans les deux sexes, dans tous les âges, dans tous les climats, & dans toutes les circonstances, où des hommes se trouvent, on y remarque toujours quelque chose de fixe, qui ne varie point, & qui est la même en tout tems, en tout lieu,

&

& dans chaque individu. C'eſt là où on ne ſauroit méconnoître la Nature humaine, ſans s'arrêter à tout ce qui change & varie parmi les hommes. Toute la différence des langages, des coûtumes, & des loix, ne prouve-t-elle pas, que l'humanité parle; 'qu'elle connoît, & conſent à une honnéteté, & à une juſtice? N'en fait-on pas de même lorsque l'on recher-che la Loi de la vue, & de tous les autres ſens? On s'arrête uniquement à ce que tous les yeux ont de fixe & de commun entr'eux, ſans faire attention à toutes les variations, particu-larités & différences qui pourroient ſe faire re-marquer, & ſingulariſer tout œil en particulier, ſelon l'âge, le climat, la ſaiſon, & les circon-ſtances, où il ſe trouve. Cela eſt bon pour prouver, que l'œil eſt ſujet à des inconveniens par mille caſualités, & qu'il n'eſt pas dans un état de perfection invariable, de ſorte qu'il lui faut mille précautions pour ſe garder de tout ce qui peut lui nuire, & pour attraper tout ce qui peut le répriſtiner, toutes fois qu'il tombe malade.

Il ne faut pas beaucoup d'étude & de ſa-voir, pour ſe convaincre de cette vérité pal-pable. Après ce que j'ai remarqué dans le Chapitre IX des différens ſentimens des hommes ſur les principaux Articles de la juſtice & des mœurs, il me faut peu à peu revenir ſur mes pas, pour y faire les conſidérations ſuivantes.

I. Un homme abîmé dans les douleurs & les frayeurs extrêmes, à charge à ſoi-même & à tous les autres, las de gémir & de craindre,

ſans

sans entrevoir de secours & de soulagement, souhaite la mort. Je le veux bien. Peut-être même son total annéantissiment, dont il n'a d'autre idée, que d'une insensibilité parfaite. Mais au contraire tout homme en bonne santé, dans la vigueur de son âge, au milieu des plaisirs qu'il goûte à longs traits, toujours à son aise, & sans aucun sujet d'appréhender aucun fatal revers, pourroit-il s'empêcher de souhaiter une vie toute éternelle ? Tout de même, un homme content de lui, & qui n'a peu ou point à se reprocher de ses actions, qu'il trouve bonnes, justes, & louables, demande de tout son cœur qu'il y ait un Dieu pour en être aimé & recompensé éternellement : qu'il y ait une Société qui l'approuve, qui l'admire, & qui lui rende l'honneur qu'il croit avoir mérité. Un scelerat au contraire dont les remords de la conscience sont le bourreau impitoyable, comme il ne s'attend qu'à l'infamie, & aux supplices les plus cruels; je comprend bien qu'il ne voudroit ni Dieu, ni Société, ni Prince. Mais peu à peu tachez de soulager le malheureux, de corriger tendrement le scelerat, & de reconduire l'un à la jouïssance de la bonne santé & des plaisirs, & l'autre à la justice, & à reparer tout le mal qu'il a fait, sans hésiter sur un pardon général : vous verrez nécessairement pour lors changer les souhaits de l'un & de l'autre, aussi-bien que de l'heureux & du juste, aussitôt qu'ils tombent dans les extrêmités contraires.

E   A quelle

A quelle de ces deux extrémités si opposées vous arrêterez-vous, pour connoître l'humanité ? Si vous interrogez les hommes en général, le jugement est porté depuis le commencement du Monde. A moins que de tomber dans la dernière folie, aucun n'osera dire, que l'humanité se reconnoisse dans la foiblesse, & dans l'infirmité, qui la déguisent. Pour savoir ce que c'est que l'homme, ses qualités, ses forces, ses droits, & son activité, il faut le considérer en bonne santé, en reputation, en honneur, & dans une convenable disposition de corps & d'esprit ; hors du trouble, & de l'inquiétude des passions, & sans l'aveuglement qui en est la suite ordinaire. Il n'y a peut-être point d'homme au monde, qui ne se trouve quelquefois, pour quelque tems, & à quelques égards dans cette situation heureuse : Du moins il en auroit-il fort peu dont on pût prouver le contraire. Ce sont les traces de la Nature primitive. Mais hélas ! des traces qui se confondent aisément, & qui s'effacent quelquefois tout à fait, à peu près comme la vue, parmi le vivans.

II. Un homme dans la vigueur de l'âge, dans la ferveur de sa jeunesse, pendant qu'il donne l'essort à toutes ses passions, & à tous ses caprices, se croit géné par la Religion, & tache d'en sécouer le joug, en y renonçant tout à fait : mais soit avant de s'abandonner à cette licence, & franchir le pas, sans avoir rien à se reprocher ; ou après avoir dissipé ses forces, évaporé son feu, & rallenti par là ses passions,

pour-

pourquoi auroit-il le même éloignement pour
la Religion, & seroit-il gêné par le culte d'un
Etre suprême ? Ce seroit peut-être, s'il dése-
speroit tout pardon de ses fautes passées : mais
quoi qu'en dise Mr. de M⁰ˣ., y a-t-il
quelque Religion au Monde, qui n'établisse pas
le dogme, qu'on apaise la Divinité, par les
sacrifices, par les prières, & par les œuvres de
piété, se convertissant sincérement, & rachétant
le tems perdu ? Ainsi à la reserve de quelques
malheureux, tous les hommes ont des tems
bien marqués, pour avouer que la Religion est
non seulement bonne; mais l'asile le plus con-
solant pour tous les mortels.

III. Je tombe d'accord qu'un homme empor-
té par la colère, & possedé d'un esprit de vangeance, n'épargnera pas la vie de son ennemi,
& ne comprendra nullement, que n'aimant pas
d'être tué lui - même, il ne doit pas tuer son
semblable; mais cet homme pense-t-il toujours
de même ? Quand il est tranquille, ou qu'il
a le malheur d'offenser un autre, o pour
lors il n'a aucune peine d'avouer que l'A-
xiome est juste & nécessaire à la société. Il
n'y a peut-être pas un au Monde, qui n'en convienne sur les injures, sur les fraudes, sur les
vols, & les brigandages qu'on lui fait, ou
qu'on fait aux personnes pour lesquelles il s'in-
téresse. Les traitres, les brigands, & les plus
grands scelerats, tout abominables qu'ils sont,
aussitôt qu'ils ont quelque société, en conviennent à tout moment. Et vous oserez deman-

 der

der après ſi la Nature humaine décide ſur ces Articles-là ?

IV. Je l'avoue qu'un homme qui trouve ſa femme à charge, & qui aime paſſionnement celle de ſon voiſin, conſent ſincérement au troc ci-deſſus mentionné , & ne demande pas mieux qu'un libertinage complet. Mais le troc ſoit fait, & accordez lui la femme qu'il adore, le trouverez-vous plus de même ? conſentiroit-il auſſitôt au même troc avec un autre mari, qui ſe trouveroit dans le cas ſemblable au ſien ? Trouveroit-il bon, qu'un libertinage général mît ſa belle aux abois, du troiſième jour qu'il la poſſede ? Qu'eſt donc devenû ce prémier homme ? Ce n'eſt plus le même. Auquel des deux vous raporterez-vous, pour-entendre la voix de la Nature ?

Oui je conſens encore, qu'un jeune homme bien fabriqué de ſon corps, ne veut point de reſerve , pour s'abandonner à la ſenſualité : mais peu à peu il faut bien qu'il s'épuiſe, & qu'il tombe en défaillance. Pour lors peut-il ſe paſſer de comprendre , qu'il a ſacrifié une infinité de plaiſirs, & de biens, à un ſeul, qui ne ſauroit jamais valoir les autres enſemble. Penſe-t-il alors comme il penſoit pendant ſa lubricité ? Que s'il ne penſe pas de même, ſerez-vous fort embarráſſé du tems & de la ſi-tuation à laquelle vous devez lui ajoûter foi ?

⁂

CHA-

CHAPITRE XIII.

Il faut avoir renoncé au fens commun pour dire que c'eft la conftitution de la Nature humaine, d'être tantôt en fanté, & tantôt malade: tantôt fage, & tantôt folle: tantôt dans le plaifir, & tantôt dans le chagrin : & que tout cela lui convient à fa place.   C'eft là le dernier des égaremens & des menfonges, que quelques Auteurs modernes ont déguifé par des ouvrages ingénieux, & d'un ftile auffi flatteur qu'impie.   Y a-t-il quelqu'un au monde qui voulût quelques fois être dans la douleur, dans la folie, & dans le chagrin, fi ce n'eft pour s'en épargner un plus grand? Un tel paradoxe ne mérite pas une plus grande réponfe : car fi perfonne au monde, en aucun tems, dans quelque climat que ce foit, ne confent ni à la douleur, ni à la folie, ni au chagrin ; c'eft donc la Nature humaine qui y repugne toujours, & qui ne fait place jamais volontiers à tous ces malheurs - là.

Il eft donc manifefte qu'à travers de toutes les contradictions, que nous avons remarqués ci-deffus, on decouvre dans la Nature un fond folide, uniforme, & conftant, qui marque fuffifamment ce qu'elle demande, & ce qui lui faut, & qui font les traces infaillibles pour ré-monter à la fource de fes droits, & de fes loix. Mais à qui fe fiera-t-on, pour la fouiller fi

E 3

adroi-

adroitement, pour la dévélopper des brouillarts qui l'environnent, & pour la fuivre fur les traces qu'elle nous préfenté ? Tout homme qui entreprend cette récherche n'a-t-il pas un fexe, un âge, & des préventions, dont il ne fauroit jamais fe défaire tout à fait ? Auffi voyons nous que les plus clairvoyans, & les Auteurs les plus brillans de lumières, & d'honneurs, comme un Puffendorff, un Grotius, un Barbeyrac, & tant d'autres pas moins illuftres qu'eux, ont été fujets, comme le grand Homere à fommeiller quelques fois, & à s'égarer, fe donnant toutes les peines du monde, pour fauver les apparences, fur des Articles très importans.

Tout le monde n'a pas la force de commencer par foi-même à combattre l'erreur, & le vice. Cela eft fi rare qu'on auroit grand' peine, de reconnoître quelqu'un, qui l'eût entrepris fincérement, pour refifter au penchant principal, qui l'entraine. On fait aifément le vigoureux fur tous les autres Articles ? On s'accufe, on fe combat, on fe vainc quelques fois fur plufieurs : mais on s'en dédommage toujours fur l'Article qui nous touche le plus. Le raifonnement qui triomphe par tout ailleurs, eft fans ceffe efclave dans cet endroit-là. Tout eft bon pour donner des couleurs, & de l'apparence, à ce qui nous caufe le plus grand plaifir. On excufe, on juftifie tout; & comme il n'y a rien de tel pour cela, que d'établir une néceffité invincible, un penchant, & un exemple général, auffi-bien que certaines conféquences

beni-

benignes, en comparaifon des autres excès, qui ruinent & déshonorent l'humanité ; le plus fçavant eft toujours le prémier à s'illuder lui-même, & les autres après.

Un génie fupérieur, joint à un tempérament amoureux, & à un âge robufte, pénétrera bravement dans la Nature, pour devélopper la juftice fur tout ce que la colère, l'avarice, la mauvaife foi, & tant d'autres vices caufent de malheurs aux hommes: mais ce n'eft plus la même force de raifonnement, la même fupériorité, & la même vigueur, tout auffitôt qu'il tombe fur l'article de l'amour. Il devient lâche, rampant, & pitoyable. Or comme le penchant eft fort général là-deffus, tous ceux qui l'écoutent ne s'empreffent guères d'approfondir fon difcours. On fe difpenfe aifément de tout examen, fur le credit, que l'Auteur s'eft juftement concilié, fur tous les autres Articles, qui ne l'intéreffoient guères. Ainfi l'erreur déguifé perfifte; & le confentement général qu'on y fuppofe, l'établit, & le confirme peu à peu, lui donnant même un poid d'autorité, qui paffe pour lói, de forte qu'on n'ofe plus y toucher. Il en arrive de même prefque à tous les autres vices, par leurs Auteurs favoris: & je ne doute pas que s'il y avoit quelque Jurisconfulte Algerien ou Tunefin, il ne trouvât quelque honéteté, & quelque droit, dans la Piraterie, & dans le Brigandage.

Il eft très difficile de fe défendre encore contre un équivoque, & un paralogifme très fréquent parmi les hommes. Il y a un mal qu'on préfere toujours à un plus grand. Il y a un autre qu'on fait, faute de pouvoir faire le bien qui devroit être à sa place. La société souffre d'un crime plus que d'un autre : & tout homme n'a pas la force & les moyens de faire tout le bien qui lui conviendroit. On tue un homme défendant sa propre vie, parce que le sang-froid, le discernement, & l'adresse manquent, pour sauver l'un & l'autre ensemble. On consent aux Courtisannes, pour s'épargner des plus grandes infamies. Les Archers, les Bourreaux, & l'horreur des supplices ne sont bons, que pour prévenir & arrêter le torrent abominable des vices, & des cruautés, auxquelles les hommes corrompus s'abandonneroient sans cela. Là-dessus on se forme un préjugé fatal, car on envisage pour un bien réel, ce qui n'est qu'un moindre mal, qui en prévient un plus grand, faute des moyens de le remplacer par un bien convenable. Il n'a guères de sçavans mêmes qui ne prennent le change sur cela ; sans compter les Auteurs devoués au païs, au gouvernement, aux intérêts des Princes, & quelquefois aux engagemens pris dans leurs précedens Ouvrages. Comment ceux-ci attaqueroient-ils, & renverseroient-ils des préventions dont peut-être ils ne s'aperçoivent pas, ou qui leur fuient & disparoissent aussitôt qu'on les leur fait envisager ?

⁕

CHA-

CHAPITRE XIV.

Après ce petit échantillon, je ne sai si on oseroit soutenir, qu'on puisse se fier à quelque particulier, quand même il seroit le plus
sçavant du monde, pour connoître & décider
solidement du juste, & de l'honnête. Ainsi
quoique le fond ne manque pas dans la Nature,
le bon guide en seroit toujours incertain; &
tout homme en particulier, seroit le plus orgueilleux & le plus téméraire du monde, de ne
vouloir s'en rapporter qu'à lui, dans cette importante recherche. Chaqu'un n'est-il pas sujet
aux mêmes préventions, & à tous les égaremens qui en dépendent? Quelle conséquence en
doit-il donc dériver, de toutes ces connoissances aussi évidentes qu'elles sont? C'est que l'Auteur de la Nature, ne devoit pas l'abandonner
dans la confusion, & dans l'aveuglement déplorable, où elle s'est plongée: & qu'il devoit
l'éclairer, & la conduire lui-même dans l'importante recherche du bien & du mal, du juste,
& de la souveraine équité. Que les Jurisconsultes qui se sont le moins écartés de la Revélation divine, y sont mieux réüssi, que les autres,
tels que l'illustre Grotius, & le docte Barbeyrac, non obstant certaines préventions, dont
ils n'ont pas osé tout à fait se défaire, faute de
courage, ou d'attention. Au contraire les er-
reurs les plus massifs, & les plus dangereux, sont

le partage de tous les Auteurs qui ont abandonné ou diffimulé la Revélation, pour y fub-
ftituer, fans s'en apercevoir, les traditions humaines.

Car par exemple Mr. de M*. a-t-il rien fait
de plus dans fon grand Ouvrage, que donner
l'effort à fon génie, & déployer fes talens finguliers, pour raifonner fur un amas de loix,
de coûtumes, & de textes, choifis artiftement
pour les combiner avec fon fiftême ? Siftême
qu'il n'a pas ofé publier ouvertement, pour ne
pas choquer fes compatriotes, & la plûpart du
monde, fans même avoir obligé les Republiquains. C'eft déjà beaucoup d'avoir donné la
préférence à tous les rapporteurs des coûtumes
de l'Orient le plus réculé, fi fort fujets à caution; & d'avoir ramaffé les débris des loix Gre-
ques, Romaines, & des peuples la plûpart idolatres, dont il ne garantiroit pas toutes les in-
terprétations, & les cónféquences, qu'il en a
déduites. Il parle de Gennes, & de Venife, où
je fuis né, & où il a paffé lui-même autrefois:
& cependant à l'occafion de réimprimer fon ouvrage, je ne doute pas qu'il en reformera la
plûpart des Articles, s'il aime la vérité. Quel
fond refte-t-il donc à faire fur le refte, qu'on
regarde à peu près, comme une fuppófition
perpetuelle ? Ah! fi cet admirable génie avoit
travaillé fur un fond plus folide, & fans les
préventions cultivées par fes gracieufes lettres
Perfannes; quel ouvrage précieux n'aurions-
nous pas de fa main?

Voilà

Voilà ce que nous attendrons toujours en vain, tandis qu'on n'ira pas fouiller respectueusement dans la Révelation divine, qu'on doit considérer comme une base sacrée. Il faut s'élever au-dessus de la sombre atmosphère d'une corporéité impure, & peut-être même d'un Protée, qu'on ne saisit jamais bien, par le continuel changement de figures qu'il fait entre nos mains. Vous croyez d'embrasser un marbre, & ce n'est que de la glace qui se fond aussitôt, ou du feu qui vous brûle. Il en faut venir une fois, ou à nier absolument qu'il y ait à notre égard une source, une force, & un véritable esprit des loix ; ou bien qu'on ne doit la chercher que dans la Revélation.

Vous direz peut-être avec les prétendus esprits forts, qu'elle n'est pas assez autentique, qu'il le faudroit, pour la suivre aussi religieusement qu'on le demande pour en profiter. Mais avez-vous recherché soigneusement son autenticité, sans vous obstiner à la combattre de gayeté de cœur, & à vous couvrir d'épaisses tenèbres, pour ne la pas distinguer ? Par bonheur, tout honnête homme qui a bien voulû s'attacher à cette recherche, avec un cœur droit & sincère, en a rapporté des satisfactions si consolantes, qu'il en a été content par toute sa vie ; & les preuves qu'il en a publié, subsistent toujours avec une solidité inébranlable. Ce qu'on a imprimé là-dessus pour & contre, m'est bien passé par les mains ; & je doute fort qu'on pût rien ajoûter à ce qu'on a osé debiter dans ce

dernier

dernier ſiècle, pour infirmer la Revélation: Mais un ſouffle tout ſeul eſt capable de renverſer, de fond en comble toute la machine de l'impiété. On ſe feroit mettre aux petites maiſons, ſi on rejettoit généralement la Tradition humaine; & cependant ou il faut bien la rejetter tout à fait, ou reconnoître ſur ſon témoignage même la Revélation.

Cependant il y a des gens qui ont une figure, & qui portent un nom, leſquels avalent ces chameaux-là, comme des petites mouches. N'y a-t-il pas des Auteurs modernes, qui ont employé tous leurs ſoins, & fait les derniers efforts, pour perſuader que les vices & les crimes, ne ſont pas moins utiles & convenables à la Société humaine, que les vertus, & que c'eſt aſſez que de ſeparer du commerce les ſcelerats; comme ſi on appréhendoit pour ſoi-même, les ſupplices les plus flétriſans, & le plus cruels? A la vérité les coupables ne ſont pas pour cela tout à fait hors de la ſphère de compaſſion: mais les innocens qui en ſouffrent, & la Société qu'ils détruiſent, n'en mérite-t-elle pas davantage? N'eſt-ce pas être pitoyable envers des malheureux criminels, de les délivrer le plûtôt qu'il eſt poſſible des cuiſans remords de leurs conſciences cauteriſées, & de l'affreuſe ſituation d'une priſon, d'une galère, & d'un gêne miſérable? Que ſi vous ſuppoſez un criminel capable de ſe mettre une fois au-deſſus de tous les remords de la conſcience, ne deviendroit-il pas auſſitôt un monſtre indigne de vivre?

Voilà

Voilà cependant où quelques Jurisconsultes modernes en sont venus: & malgré la dissimulation la plus fine, & l'adresse la plus recherchée, ils n'ont pas réüssi à cacher tout à fait leurs sentimens dangereux, sur les Articles les plus importans du Droit, & de la justice. En suivant leurs principes, on en voit sapper tous les fondemens. S'ils n'en déduisent pas tout nét la conséquence eux-mêmes, c'est pour ne pas choquer, & rébuter aussitôt leurs Lecteurs. Ce n'est que petit à petit qu'ils leur en veulent, & c'est là-dessus qu'ils agissent conséquemment. *Si quod tibi vis alteri feceris;* ils sentent bien ce qu'ils veulent eux-mêmes, point de gêne, & paroissent de n'en point faire aux autres. Voilà comme on abuse de l'Axiome fameux, & comme tout le monde en abusera, à moins qu'un autre principe, ne le règle, & ne le borne, en préscrivant par avance, ce que chaqu'un doit vouloir lui-même.

CHAPITRE XV.

On m'objectera que la Revélation n'est pas moins obscure, & sujette à des contradictions, que la Nature même, & l'humanité. On se retranche sur les mistères, sur les variantes, sur les hebraïsmes, sur les traductions & les interprêtes. On prétend que dans les Livres saints, on trouve toujours le pour & le

con-

contre : & qu'enfin leurs plus religieux obfervateurs n'en font pas pour cela, ni meilleurs
hommes, ni meilleurs citoyens. Mr. Baile a
pouffé la témérité à l'excès fur cela, en parlant
de David, & d'autres illuftres champions de la
vérité revélée. Ce bouillant critique s'eft fabriqué lui-même un modèle de fa façon, pour
y confronter tous les honnêtes gens, & les perfonnes les plus pieufes de la terre. Il n'eft
pas étonnant fi elles ne lui reffemblent pas.
L'honnêt-homme de Mr. Baile, eft celui dont
l'imagination eft toujours fouillée, par les objets les plus fales, & les moins charitables envers fon prochain. Il fe récrie à tort de fes
ennemis, puifqu'il leur apprend lui-même à fubçonner de mauvaife foi tout le monde : Et
comme la Religion n'eft pas fon fort affurément; il ne fauroit fe perfuader que d'autres
en puiffent avoir plus qu'il n'en a lui-même.
Son unique objet religieux, c'eft qu'on lui laiffe
tout dire, & tout faire, fans reproche, & fans
châtiment; car il n'accorde pas le même droit
à fes adverfaires; & ce n'eft pas en vain qu'il
le leur confefte. Sur ce modèle-là, on auroit
bien de la peine à former l'éloge de David, &
de tout autre honnêt-homme. Mais ce n'eft
pas Mr. Baile tout feul qui cloche de ce
côté-là.

Cependant un fçavant honnêt-homme qui va
tout droit à la fource des loix, qui en examine
la force, & qui en pénétre le véritable efprit,
conviendra qu'il n'y a rien qui l'arrête pour la
décou-

découvrir dans la Revélation qui nous eſt connue. . Rien n'eſt plus manifeſte pour lui, que
ce même eſprit des loix; tout unique, & con-
ſtamment uniforme qu'il eſt, doit lui-même produire des changemens conſidérables dans les
loix particulières, qui paroiſſent ſe contredire
dans la ſuite; car les circonſtances où les hommes ſe trouvent, ne ſauroient manquer de changer auſſi. Le régîme qui convient à une parfaite ſanté, ne convient plus dès qu'on tombe
malade; & le remede qui vous guérit dans une
maladie, vous tuë dans l'autre. On ne ſauroit
traiter de la même façon un homme à Batavia,
comme à Stokolm. On vit ſur la montagne
d'une manière, qui ne convient pas dans la
plaine, & ſur les bords de la mer. Une ju-
ment a beſoin d'un éguillon bien plus fort,
qu'un cheval d'un cœur noble & généreux.

Un Eſprit qui aime & chérit les hommes par
tout où ils ſont, & dans quelqu'état qu'ils ſe
trouvent, ne ſauroit ſe diſpenſer de proportionner ſes loix, aux beſoins & aux convenances qui leur ſont propres, pour les rendre heureux par tout. Mais malgré toutes ces différences apparentes, on y découvre néceſſairement
une uniformité, & une conſtance invincible
dans le fond, pour le bonheur de l'humanité
également partagée à tous les individus. Bonheur qui ne ſauroit arriver que par la ſageſſe,
& par la vertu. On a beau y ſubſtituer l'étude
Pyrronien ou ſyſtématique, & les grimaces du
fanatiſme, quel qu'il ſoit; ce n'eſt pas là la ſageſſe

geſſe & la vertu, d'où découle le bonheur des hommes, unique objet de l'eſprit des loix.

Un Etre ſuprême: Un Pere des hommes: Un dérangement phiſique communiqué par la génération à tous les deſcendans du prémier unique couple: L'identité de la même Nature, & de la même famille dans tous les hommes ſans exception: L'immediate diſpoſition d'une Providence abſolue, à qui on ne ſauroit reſiſter, mais qui aime à ſe laiſſer fléchir, & à remplir les ſouhaits ſincères & utiles de ſes créatures: Un Medecin, un Propitiateur, c'eſt à dire un Entremetteur tout-puiſſant, qui réunit la Divinité à l'humanité, pour les rapprocher autant qu'il eſt poſſible, fourniſſant les moyens néceſſaires pour effectuer dans ſon tems la répriſtination propoſée: ce ſont des Articles où il n'y a point d'obſcurité ni de contradiction naturelle. Point de pour & de contre; point d'hebraismes; point de variantes; & point de traducteurs & d'interprêtes qui ne ſoient pas d'accord. Il n'en faut pas davantage pour rémonter à la ſource des loix, ſans broncher, & ſans crainte de s'égarer. C'eſt là où vous trouverez la baſe immòbile & ſacrée du véritable droit des Princes ſouverains, qui ſeroient bientôt ébranlés s'ils ne tenoient qu'à la force populaire, au chimérique point d'honneur de la Nobleſſe, & à la vertu republiquaine. C'eſt de cette divine ſource, que peut émaner cette loi ſuprème qui règle l'Axiome, *Quod tibi vis alteri feceris*, ſans quoi ce ſeroit un véritable

poi-

poiſon pour l'humanité corrompue comme elle
eſt. Appliquez cet Axiome à un homme malade & vous verrez d'abord les fatales conſéquences qui en dérivent. Il eſt juſte que je
traite les autres, comme je voudrois en être
traité, ſi le traitement que je prétends d'eux eſt
juſte & convenable. L'ignorance, la foibleſſe,
& les paſſions, qui envéloppent l'humanité, ne
ſauroient laiſſer chaque individu en liberté de
décider là-deſſus. Il n'y a que la Divinité toute
ſeule au-deſſus de cet horrible brouïllard: ainſi
il n'appartient qu'à elle, de juger en dernier
reſſort de tout cela: & de faire couler de ſon
ſein, l'agréable liqueur qui flatte, & qui nou-
rit les tendres fruits de ſon amour.

Je n'ignore pas qu'un grand nombre de ſça-
vantiſſimes perſonnes ſe ſcandaliſeront, de ce
que je propoſe la Revélation comme l'unique
ſource des loix. J'aurois bien voulu leur
épargner ce petit chagrin: mais comme ils n'ont
jamais rien montré de ſolide à cet effet, &
qu'il a été toujours libre de les contredire; il
m'a bien fallû en revenir là, & courrir le hazard de leur déplaire, pour ne pas diſſimuler
le vrai dont je ſuis pénétré. Je ne viens qu'a-
près les plus grandes lumières d'excellens Auteurs, dont j'ai profité, & dont je profiterai
toute ma vie: Auſſi-bien eſt-ce d'eux-mêmes
que j'apprend cette route unique, puisque ils
n'ont que trop fait connoître, que tout autre
chemin étoit barré par des obſtacles inſurmon-
tables. C'eſt en vain qu'on a voulû les diſſi-
F muler,

mûler. On en eft frappé auſſitôt qu'on ſe préſente pour pouſſer juſqu'au bout : & ceux-mêmes qui veulent bien s'aveugler de gayeté de cœur, pour ne les pas avouer, ont dû infailliblement en revenir la tête caſſée.

Les objections ci-deſſus mentionnées, ne m'arrétent point : & j'ai lieu de les croire parfaitement confondues, par tout ce que j'ai ramaſſé dans mes précedens ouvrages italiens, d'après tout ce que les meilleurs auteurs ont publié ſur cet important Article. J'ai donné, je l'avoue, la préférence à ceux qui ont le plus témoigné leur grand ſçavoir, par des mœurs bien règlées, & par des ſervices importans rendus à l'humanité. Hélas ! Nous ne ſommes que trop corrompus de nous-mêmes, ſans que les interprêtes des loix, nous aident par leurs doctrines, & par leurs exemples, à nous abîmer davantage. Conſervons, autant qu'il dépend de nous, un frain raiſonnable, pour nous brider, dans les ſentimens les plus intimes de notre Ame : car ſans cela, la ſociété, les Princes, & les mœurs, ne tiennent qu'à des ſimples grimaces, qui ſont l'horreur & la ruine du Monde.

Je paſſe à la force des Loix.

LA
FORCE DES LOIX.
SECONDE PARTIE.

CHAPITRE I.

Pour parvenir à connoître ce que c'est que la force des Loix; c'est à dire ce qui porte les hommes à les rechercher, à les aimer, & à les accomplir: ou bien ce qui les contraint à s'y foumettre, s'ils ofoient y refister: & ce qui les reméneroit à ce devoir-là; il faut fe rapeller toujours, ce que c'est que la loi, ainfi que nous l'avons marqué ci-deffus. Je vais à en donner une idée en abrégé.

Il y a une Loi naturelle, qui confifte dans la néceffité de l'être, & du bien-être de toute chofe: de forte que fans cela, elle ne pourroit fubfifter, ni parvenir à fa perfection convenable. C'est cette Loi commune à toute la Nature, qui place tous les êtres dans leur jufte fi-

                                    tuation

tuation dans le Tout, pour fe donner la main, & fe reciproquer l'activité, & les fécours indifpenfables, pour qu'il ne manque rien aux uns, & que les autres n'ayent pas plus de ce qu'il leur faut : de forte que tout foit diftribué par une proportion règlée, qui fubfifte toujours, ou qui puiffe fe repriftiner, fi la foibleffe, ou la fauté de la matière, ne répondoit pas exactement, à l'intention du Créateur fuprème.

C'eft la fouveraine Intelligence, qui a tout produit, & qui agit inceffamment dans la Nature, pour la conferver, la corriger, & la repriftiner, qui eft donc la fource unique de cette Loi univerfelle, par le deffein, qu'elle s'eft formé, & par l'objet qu'elle s'eft propofé, en la produifant. A moins que de pénétrer dans ce prémier deffein, & dans ce grand objet qui a précedé tous les fiècles : tout ce qu'on en déduiroit, fur ce qui paroît aujourd'hui à nos fens, feroit fort fujet à caution. Je demandé à tout homme raifonnable s'il ofe fe promettre de pénétrer fi loin, fans que la même Intelligence fuprème, s'en foit expliquée elle-même, par une immediate revélation ? Que fi cela n'étoit pas, à quoi aboûtiroient tous nos efforts, pour s'affurer de la véritable fource des Loix, de leur force, & de leur efprit, c'eft à dire, de leur intention ? Auffi-bien eft-il manifefte, par le bel ouvrage de Mr. de M***., qu'on ne fauroit attraper aucune fignification fixe au titre éblouiffant de l'*Efprit des Loix*. Après l'avoir lû d'un bout à l'autre, & y

avoir

avoir appris mille connoiſſances fort bonnes, & quelques réfléxions fort ſenſées; vous n'êtes pas plus avancé, que tous ceux qui n'en ont jamais entendû parler, & qui ont vecu de tout tems avant cet illuſtre Auteur.

Il y a une loi auſſi qui eſt particulière au genre humain, ſans qu'elle oblige aucun de tous les autres animaux de l'air, de la terre, & de la mer. C'eſt une loi de famille & de ſociété, dont tout ce qui n'eſt pas de l'eſpèce humaine, reſte manifeſtement exclû, car il n'en eſt pas ſuſceptible, & n'en ſeroit ni plus ni moins ſubſiſtant & parfait, en ne s'y ſoumettant pas. Ne vous arrêtez pas aux Caſtors, aux Abeilles de l'Incomparable Mr. de Saumur; aux nids, aux tannières des animaux, à la fidelité poëtique des tourtourelles, aux amours des roſſignols, aux envéloppes des petites chenilles, auſſi-bien qu'à cent autres mécaniſmes decouverts par les Naturaliſtes les plus exacts, & les plus fidèles; car tout cela ne ſauroit pas plus ſignifier de rapport avec l'humanité, que la metamorphoſe des vermiſſeaux en papillons.

Un ſentiment conjugal, paternel, filial, fraternel, de ſeigneur, & de ſujet, n'a rien de commun avec les bêtes: tout autant que la compréhenſion des commodités de la vie, des avantages de la ſociété, des précautions néceſſaires contre les injures de l'air, de l'eau, du feu, des inſectes, des bêtes, & des hommes mêmes, n'ont jamais parû, que parmi le genre humain, & ne ſauroient convenir qu'à lui. Point de ſciences

 point

point d'arts parmi les animaux : car fi les arts
qu'on leur attribue, étoient en quelque manière réelles, elles ne reffembleroient aucunement aux nôtres, & paroîtroient incompara-
blement plus parfaites, tout comme l'action de
nos machines.　La feule Mécanique décide en
faveur des hommes, fans parler des Mathémati-
ques, de la Politique, & de la Morale.

A la vérité cette Loi particulière à l'humanité, découle néceffairement de la Loi générale
& univerfelle de la Nature, & n'en eft qu'une
fuite, car les hommes en font bien auffi une partie, & même la principale, ainfi qu'on le démontre aifément : à moins qu'on ne leur refufe
toute forte d'entendement, ou bien qu'on ne le
partage également à tous les êtres qui compofent la nature : ce qui eft infoutenable.　C'eft
ainfi que dans le corps humain il y a une Loi
générale, qui le gouverne tout enfemble; &
qu'il dérive de cette même Loi, une Loi particulière qui gouverne la tête, & qui ne convient
pas à tous les autres membres qui en dépendent.　La loi de l'œil, n'a presque rien de
commun avec la loi de l'ouïe, de l'odorat, &
du goût.　Il en eft de même dans la Nature
univerfelle.

CHAPITRE II.

Quoique la génération soit commune aux animaux de toute espèce, les sentimens ci-
dessus marqués du mariage, des peres, des enfans, des parens, des alliés, & d'autres qui en
dérivent parmi les hommes, ne paroissent en
aucune manière parmi les bêtes. S'il y en a
quelques traces; elles ne sont que fort rares,
& passagères; & peut-être sont-elles uniquement
interprêtées ainsi, par le rapport qu'elles
ont avec les effets, que ces sentimens-là produi-
sent parmi nous. On se fiéroit mal à propos,
à l'extérieur d'une petite machine, qui repré-
senteroit un carosse qui court au grand trot,
avec ses chevaux, pour s'imaginer, qu'il seroit
tiré véritablement par des petits animaux. C'est
une image mouvante, qui nous trompe, & qui
par son ressort interne, induit nos sens dans
une équivoque manifeste. On se moqueroit
de tout homme qui raisonneroit sur cette re-
présentation, pour en déduire l'animalité de
ces petites poupées.

En effect le mâle parmi les bêtes, se joint à
la fémelle, & la fait concevoir, mais sans aucun objet de postérité, ni de se rendre heureux,
& plus commodes pendant leur vie. La différence du sexe ne paroît pas même bien mar-
quée dans toutes les espèces, & si l'on s'en rapporte aux Naturalistes, il y a grand nombre

F 4   d'her-

d'hermaphrodites parmi les bêtes, & principalement parmi les poiſſons, & les inſectes: du
moins une pluralité infinie de fémelles, en comparaiſon des mâles. Du moment que leurs petits ſont parvenus à une certaine ſuffiſance, ils
ne ſe reconnoiſſent plus. Les peres & meres
chaſſent à grands coups leurs enfans de leurs
nids, & de leurs tannières; & ceux-ci bien loin
d'avoir aucun reſpect, aucun attachement, &
aucune reconnoiſſance, pour ceux qui les ont
mis au monde, & nouris juſques-là; ſont toujours prêts à ſe battre contr'eux, pour la moindre nouriture, tout autant que contre leurs
freres, qu'ils craignent moins encore.

L'inſtinct qu'on remarque à pluſieurs eſpèces,
pour nourir d'abord leurs petits, n'eſt pas encore aſſez clair, pour aſſurer que ce ne ſoit pas
quelque choſe d'analogue à la communication
du ſuc nouricier dans les plantes. Que les produits ſoyent attachés intérieurement, ou déta-
chés comme les œufs, c'eſt à peu près comme
les fruits des arbres. Dès qu'ils ſont meurs,
ils ſe détachent, & ils tombent d'eux-mêmes.
Tout cela eſt ſi mécanique parmi les bêtes,
qu'il n'y a pas d'exemple, qu'un animal prenne
ſoin d'en nourir un autre de ſa même eſpèce,
qui auroit eu le malheur de gâter les organes
néceſſaires, pour ſe procurer la nouriture. Il
ne ſauroit ſe donner la peine de le traiter pour
le guérir; & le laiſſe mourir ſans ſécours, ſans
larmes, & ſans funerailles. Il faut donc
avouer, que l'inſtinct de nourir ſes petits

parmi

parmi les bêtes, ne dépend d'aucun principe de raisonnement intérieur.

Je n'ignore pas qu'il y a des Auteurs mêmes, qui rêvent mal à propos, pour insinuer, que tous les sentimens de mariage, de paternité, d'amitié, & enfin de société, ne sont que des effets & des suites de l'éducation, sans quoi les hommes ne seroient pas plus sociables, que les bêtes; & prétendent en donner des preuves par quelques sauvages, dont ils font des rapports imaginaires. C'est tout comme s'ils tiroient une semblable conséquence de quelque fol, qui passeroit les nuits à la belle étoile, enfoncé dans les bois; & qui ayant trouvé sa compagne, auroit communiqué sa folie à toute sa posterité, comme cela n'arrive que trop. Ce n'est pas de quelques particuliers qu'il faut déduire ce qui appartient à toute l'espèce. On se tromperoit fort d'attribuer aux chiens, aux singes, & aux éléphans mêmes, ce qu'on voit faire à quelqu'uns d'eux, qui sont dressés à certains jeux, & à rendre des services aux hommes. C'est sur le général qu'il faut raisonner, & c'est là-dessus, que le tort de ces Auteurs éclate aussitôt. Sur cette planche générale, on y découvre d'abord la foiblesse de leurs principes, & la malice des raisonnemens dont ils font usage.

Si l'éducation qui porte les hommes à la société, à la tendresse d'un véritable amour envers sa femme, ses enfans, ses parens, & ses amis, est la même par tout; elle y est donc déterminée & produite par la Nature, qui est la même

en

en tous. Que si cela n'est pas, & que malgré
la différence totale de l'éducation, les mêmes
sentimens éclatent par tout où l'humanité se
répand : il faut donc de toute nécessité, que la
Nature même influe, & protége les mêmes sentimens dans tous les hommes, dont les organes
ne sont point sujets à quelque dérangement.
Choisissez lequel des deux vous voudrez, il
n'en sera pas moins démontré & véritable, que
le penchant naturel de l'humanité vous porte
à la société, à la tendresse, à la compassion, &
à tout ce qui en dépend.

Quand même on trouveroit quelque exception parmi les individus innombrables qui ont
composé, & composent le genre humain : tout
le reste des hommes, se joindroient ensemble
pour désapprouver tout sentiment contraire;
pour le déclarer inhumain; pour le corriger s'il
étoit possible; & si cela ne se peut pas, pour en
punir les auteurs, & les séparer tout à fait de
la Société. Oseroit-on démentir un fait si constant, parmi le genre humain ?

S'il y a donc une Loi générale pour la Nature; il y en a une spéciale aussi pour le genre
humain; & c'est cette dernière qui fait le Droit
des Gens, & qui indépendemment de toute préalable convention, lie & oblige toutes les Nations, & tous les peuples, à se réciproquer les
mêmes avantages, & les mêmes honneurs, comme entre les freres d'une même famille. C'est
en conséquence de ce droit général & souverain,
que toutes les Sociétés sont autorisées de se joindre

dre enſemble; pour forcer les rebelles, & les punir par la guerre, l'eſclavage, & la déſolation, qui en dépendent, toutes les fois qu'ils oſeroient fouler aux pieds. ces droits ſacrés de l'humanité.

CHAPITRE III.

Ces deux Loix originelles & ſuprèmes, ont dû de tout tems faire émaner de leur ſein des Loix particulières, plus ou moins étendues, & durables, ſelon que la Nature, & l'humanité l'exigeoient : car l'une & l'autre eſt ſujette à des changemens conſidérables, par la foibleſſe, & la faute de la matière. Le ſombre de l'Atmoſphère qui s'exhaloit de leur fond corrompu, auroit enfin ecclipſé les deux loix dont nous parlons, ſi l'Auteur & le Protecteur de la Nature, qui n'eſt pas moins le Pere & le Gardien des hommes, n'eut pris ſoin de tirer ces deux Loix Architectoniques, des nuages qui les envéloppoient & les cachoient aux yeux des mortels. Voilà l'occaſion & la néceſſité de la loi divinement revélée, & la ſource unique & principale de toutes les loix humaines, qui ne ſauroient reconnoître d'autre fondement, que la Loi de Nature, & d'humanité, proportionnées au tems, au lieu, à la foibleſſe, aux coûtumes & aux convenances des hommes.

Dans

Dans la prémière partie de cet ouvrage, j'
espère d'avoir assez fait connoître les contradictions, & les obscurités dont les hommes ont
envéloppé la source des Loix : & comme ils se
sont caché à eux-mêmes les vérités les plus essentielles, malgré les efforts de la Nature & de
l'humanité, pour en préserver dans leur sein
intime, le fond, & la substance. Je me flatte
même d'avoir prouvé, qu'il ne sauroit être permis à qui que ce soit, de se fier à son propre
discernement, ni à celui des autres particuliers,
pour pénétrer, & dévélopper les Loix de la
Nature & de l'humanité, & les tirer du brouïllard qui les environne, en conséquence de la
corruption humaine. Ainsi à moins que la Divinité suprème n'intervienne elle-même par ses
soins paternels, à nous éclairer & fortifier dans
ce pénible travail, nous ne saurions venir à
bout de rien. Toutes nos peines pour cela seroient inutiles, & probablement pernicieuses,
ainsi que cela paroît par le grand nombre
d'ouvrages publiés depuis une trentaine d'années, sur la Nature & l'humanité, par les prétendus Franc-raisonneurs.

Enfin je ne doute pas qu'en considérant la
multiplicité, & la variété des Loix humaines,
dont nous nous trouvons comme hérissés de
toutes parts ; on sera contraint d'avouer, 1)
Que l'homme est bien malade, puisqu'il lui faut
tant de différentes medecines, & des régîmes si
extraordinaires pour se conserver. 2) Que
tout cela ne produit point l'effet proposé, puisqu'il

qu'il en faut toujours de nouvelles, pour reparer le défaut des autres qui ont précedé. 3) Que nous ne nous promettons pas mieux, de toutes celles que nous pourrions inventer : & 4) qu'en les abolissant tout à fait, le Monde tomberoit d'abord dans un chaos le plus déplorable & fatal, qu'on puisse imaginer, & se perdroit sans resource en moins d'une seule génération.

Voilà ce que tous les plus sages Legislateurs, & les Jurisconsultes les plus éclairés, ont avoué de concert, dans leur doctes ouvrages, & ce qu'on ne sauroit leur contester, sans tomber en démence. D'où vient cela ? Cependant on ne sauroit nier, que toutes les Loix humaines, sont, du moins pour la plûpart, une émanation de la Loi de Nature & d'humanité : mais si confuse & incertaine, que bien souvent on a pris la corruption pour la Nature, & la prévention pour l'humanité. C'est delà qu'il n'est pas rare de trouver des loix parmi les peuples, qui favorisent les vices, & qui justifient les crimes; de sorte que le mal augmenté à l'infini à moins que le dommage extrème qui en revient, ne reveille les hommes, & les porte à sécouer ce joug tirannique & cruel, pour se soumettre à un autre, qui quelquefois ne vaut pas la peine du troc.

Mais quand même l'émanation seroit bonne, & le fond d'où la Loi humaine est tirée, seroit la pureté même de la Nature, on ne sauroit

s'en

s'en promettre beaucoup; car en paſſant par des mains auſſi corrompues, que celles des mortels, elle ne ſauroit manquer de contracter des taches, & des impuretés dans l'exécution. C'eſt pourquoi on ne ſauroit ſe paſſer de tems en tems de la corriger, de la purifier, & de lui donner un nouveau degré d'activité & de force, pour qu'elle produisît ſon effect. C'eſt delà, que la Loi même revélée a été ſujette à des reformes, & a dû ſe refondre quelquefois, pour ſe proportionner à la foibleſſe, & aux infirmités humaines: tout comme la nouriture la plus parfaite, & le vêtement le plus précieux, a beſoin de reforme, & de purification, à cauſe des ſouillures, que la digeſtion interne, & les exhalations externes lui communiquent indiſpenſablement. Voilà d'où proviennent uniquement les obſcurités, & les difficultés d'interprétation, qu'on obiecte à la Parole divine. C'eſt que des hommes y ont mêlé leurs préventions & leurs foibleſſes. Reſpectez-la comme il faut: & la voilà d'abord auſſi claire, vive, coulante, forte, & ſalutaire, qu'on la pourroit ſouhaiter: mais tandis que vous la barbouïllez d'exhalations bourbeuſes, c'eſt en vain que vous y recherchez cette pureté parfaite, qui répond à la ſource ſacrée d'où elle émane.

CHAPITRE IV.

Ce n'eſt pas tout. C'eſt la force qui manque aux Loix, & c'eſt par leur foibleſſe, qu'elles ne ſauroient ſubſiſter à la longue, & produire immanquablement leur effet. Je ne parle ici que de la Loi entant qu'humaine, puiſque toute Loi quelle qu'elle ſoit, devient humaine auſſitôt, qu'il appartient aux hommes à la comprendre, à l'embraſſer, & à l'exécuter. La loi peut être robuſte, & forte en elle-même, au ſuprème degré, & s'affoiblir auſſitôt qu'elle tombe entre nos mains, tout comme Samſon entre les génoux de Dalila, & l'acier le plus dur dans la fournaiſe.

Mais ne vous imaginez pas, que je veuille parler de la force extérieure, des ſupplices, de l'infamie, & de la mort. Ah ! Non. Tout cela n'eſt que le plus foible des loix, ainſi qu'on le verra dans la ſuite. Toute force qui eſt entre les mains des hommes, participe à leur foibleſſe & à leur laſſitude. Plus la ménace eſt rigoureuſe, moins elle obtient ſon effet; Chez les peuples les plus barbares, où on a moins d'égards pour l'humanité, les hommes parviennent à l'excès de s'y accoûtumer peu à peu, & de s'apprivoiſer avec les peines les plus ignominieuſes, & les plus rûdes. On va juſqu'à les braver. La mort n'eſt que trop ſouvent un bien pour des ſcelerats déſeſperés;

&

& en Angleterre pour des perſonnes tant ſoit
peu laſſes de vivre. Au contraire les peuples
civiliſés & polis, ne ſauroient que faire un uſa-
ge fort rare des tourmens, & des ſupplices les
plus cruels, car on n'y reconnoît gueres de proportion avec le crime : ainſi on ſe flatte aiſément d'échapper, & on n'échappe que trop à
la peine.

Bien des Legislateurs ſe trompent fort en
ſuppoſant tous les hommes parfaitement égaux.
Point du tout. Un barbare eſt barbare dans
ſes plaiſirs & dans ſes tourmens, car il eſt barbare. Un homme poli & cultivé eſt poli &
cultivé dans ſes plaiſirs & dans ſes chagrins, à
proportion de ſa politeſſe, & de ſa culture. Il
faut raiſonner des hommes tels qu'ils ſont, &
non pas tels qu'ils devroient être, ou tels qu'on
les voudroit; à moins que par une longue éducation on ne ſoit parvenû, comme un Minos &
un Licurgue, à donner à ſon peuple des ſentimens proportionnés au grand objet du Legislateur. C'eſt ainſi que toute la force extérieure,
devient foibleſſe à l'égard de la loi, auſſitôt
que l'intérieur des hommes n'eſt pas préparé
pour l'effet, qu'on ſe propoſe.

A la vérité la mort & les tourmens effrayent
tout homme d'abord : mais n'y fixez pas longtems, car leur aſpect hideux & horrible, s'é-
vanouït peu à peu, & on en vient juſqu'à les
embraſſer, & à les ſouhaiter, auſſitôt que
l'homme ſe fait à l'honneur, à la gloire, à l'a-
mour de la Patrie, à une forte tendreſſe pour

ſa

fa femme, pour fes enfans, & quelquefois pour
fon ami; fans compter ce qui regarde la Religion, & la défenfe de fa propre vie. Ah!
qu'il y auroit de belles réfléxions à faire fur
tous ces Articles-là : et demander après à Mr.
de M*., fi c'eft uniquement les efpèrances éternelles de la Religion, *qui font échapper les
hommes au Legislateur?* Je ne fai s'il oferoit
nier que l'amour de la Patrie, chez le Grecs &
les Romains ; qu'une Maitreffe tendrement aimée par toute la Terre ; que le point d'honneur des François à la guerre, & l'entêtement
tout feul en Angleterre, n'en feroit pas de
même ? Pourquoi n'a-t-il parlé que de la Religion toute feule ?

Je ne faurois m'empêcher non plus de remarquer, que les maux les plus aigus, ne du-
rent guères, & que leur fin qu'on envifage fort
proche, diminue beaucoup de leur tourment : de
forte que la mort même n'eft que trop fouvent
confidérée comme un bien, par les hommes qui
languiffent dans les douleurs, & plus encore
par ceux, qui font furpris tout d'un coup, par
une terreur violente. Ils fe jettent pour lors
d'eux-mêmes, entre les bras de la mort, comme dans un afile : & le feul afpect d'une igno-
minie publique entraine les hommes jusques-
là, & les femmes auffi; du moins chez les Infu-
laires du Ceilan, puisqu'elles n'héfitoient pas
de fe jetter toutes vives entre les flammes du
boucher de leurs maris défuncts.

G

Je

Je n'ai garde de toucher à préfent à la trom-
peufe efpèrance de la plûpart des coupables,
d'éluder le châtiment, & d'échapper à la peine
que la Loi impofe: car cela eft fi généralement
connû, que tout le monde avoue, que trois
quarts des criminels de toute la Terre, ne font
devenus fcelerats, que par cette illufion. Ce
n'eft pas qu'il n'y ait une infinité de cas, où les
coupables ont fi bien pris leurs méfures, qu'ils
ont effectivement fruftré les pourfuites de la
juftice, & échappé au fupplice. Sans cela tant
de monde n'en feroit pas la dûpe. Mais ces
malheureux devenus téméraires par leurs prémières réüffites, font retombés après avec fi
peu de circonfpection dans leurs crimes que la
plûpart n'a pas manqué de fe faire attraper, &
de porter enfin la jufte punition de leurs forfaits.

Il ne faut pas s'imaginer, que cela dépende
d'une efpèce de relâchement dans les magiftrats:
car c'eft toujours une queftion, fi la fréquence
des fupplices publics foit plus avantageufe que
leur rareté. Ce qui eft parfaitement décidé
par une fuite conftante d'événemens rapportés
par l'hiftoire ; que toutes les fois qu'un Prince
fouverain a voulû fe roidir, & fe rendre inflé-
xible, contre les crimes, donnant tout l'effort
imaginable aux forces dont il peut difpofer;
c'eft alors que fa propre foibleffe a parû, par
la refiftance des peuples, allarmés, foulevés,
& pouffés jusqu'aux dernières extrêmités. Il
fallut toujours en venir à reformer le gouvernement, & à radoucir les loix. Le meilleur
fujet

sujet d'un Prince ressent parfaitement sa propre foiblesse, & craint toujours de tomber dans quelque faute. D'abord qu'il voit une rigoureuse vangeance qui veille sur le moindre crime, il prend part aussitôt avec les coupables, quoiqu'il soit innocent, & qu'il déteste le crime; & pour lors la foiblesse du gouvernement éclate.

Ainsi la force des Loix ne sauroit consister uniquement dans les peines que l'on ménace, & qu'on inflige aux criminels. On y échappe souvent. On les brave quelquefois; & on ne s'y arrête jamais, à moins qu'on ne les craigne sincérement, sans imaginer des sauve-gardes, pour s'en mettre à couvert. Pour craindre, il faut aimer le bien qu'on ménace de nous enlever par la punition: & pour aimer, il faut que l'objet de notre amour soit bien connû, & nous persuade du parfait bonheur que nous aurons à le posseder, & à le conserver. Un homme qui traine une vie misérable, dans un pauvre & méchant Bourg, où il a peu ou point de parens, & où il n'est guères à son aise; ne s'embarrassera guères du bannissement, qu'on lui ménace. Un autre qui a franchi les bornes de l'honneur & de la honte, par des mœurs tout à fait déréglées, ne s'inquiéte point du pilori. Ce n'est pas rare pour des misérables, de se vendre forçats sur les Galères.

※◆◆◆◆※

G 2　　　　CHA-

CHAPITRE V.

Mais ce qui rend plus foibles encore toutes les Loix humaines, c'eft la branche des recompenfes, que tous les Legiflateurs ont presque oublié; ou bien qu'il ne leur fut pas permis de toucher, faute de moyens. Ce n'eft que le feul admirable Moyfe qui la fait marcher du pair avec les peines, & ce n'eft peut-être qu'à lui qu'il étoit permis de le faire; vû la Toute-puiffance divine, qui garantiffoit les promeffes & les ménaces, qu'elle faifoit elle-même, par fa bouche.

Tous les autres Legiflateurs ont cloché de ce côté-là & paroiffent regarder les hommes comme des créatures, à qui la plus grande grace qu'on leur peut faire, c'eft de ne les pas tourmenter, & de ne pas leur ôter la vie. Y a-t-il rien de plus choquant, pour le genre humain? De leur côté les Legiflateurs vous diront, qu'ils n'en pouvoient faire autrement, ayant fuppofé toujours mille perfonnes de bien, contre un méchant. Comment donc recompenfer les mille? Ajoutez, que les perfonnes de bien, ne font que ce qu'elles doivent être, pour porter avec elles leur recompenfe, en jouiffant des biens de la fociété, qui ne fauroient manquer, auffitôt qu'un chaqu'un fait fon devoir, & que les méchans font féparés & punis.

Cela

Cela eſt bientôt dit: mais 1) il n'y a pas peut-être un ſeul entre mille, qui faſſe exactement ſon devoir dans la ſociété, & le moindre défaut porte des conſéquences très pernicieuſes, qui vont quelquefois à l'infini. Ce ſont les petits défauts, qui ſappent les baſes de la ſociété; & non pas les grands, qui ſont bientôt connus, & corrigés. 2) Ce n'eſt pas tout qu'on ne faſſe aucun mal aux autres: c'eſt qu'il leur faut rendre autant de bien qu'ils nous en font; & même prévenir par nos bienfaits, les plus languiſſans & tardifs à nous en faire: ainſi que cela eſt démontré par les Loix du mécanisme. 3) Point de peuple au monde ſe croit heureux, pour avoir ſeulement ce qui ſuffit pour ſoutenir ſa vie & ſa famille, ce qui n'arrive presque jamais parmi le menû peuple, qui fait toujours le plus grand nombre dans toutes les Nations.

Le ſentiment général de l'humanité eſt bien expliqué dans ces paroles: *Beatus populus qui ſcit jubilationem.* C'eſt la joie, qui provient des plaiſirs, & des divertiſſemens, qui fait qu'un peuple ſe croit heureux, & qu'il n'héſite point à tout ſacrifier, pour ſoutenir la forme du Gouvernement, qui le rend heureux, & lui accorde des ſpectacles & des divertiſſemens fréquens. Cela le revanche d'une infinité de peines, & de fatigues, qu'il lui faut pour gagner de quoi vivre. L'homme eſt tellement fait pour le plaiſir, qu'à ſon prémier abord, il oublie presque auſſitôt tous les chagrins qui le précedent: d'autant plus qu'il ne ſauroit arriver de ſpectacle & di-

ver-

vertiſſement public, ſans répandre beaucoup d'argent parmi le peuple, & fournir des moyens importans pour ſe procurer de quoi vivre, & produire une abondance presque générale. Tout homme aime mieux ſouffrir, & ſe divertir, que ne ſe divertir jamais, ſans jamais ſouffrir. La privation de toute ſorte de ſoulagement, eſt un martire continuel.

Toutes les Nations les plus civiliſées & polies, ont bien compris cela; & les Grecs & les Romains en avoient aſſez appris des Orienteaux, qu'il falloit aux peuples, des fêtes, des ſpectacles, & des divertiſſemens publics, de tems en tems. Les Barbares mêmes en ont à leur manière, & je ne connois point de peuple en ſociété, qui n'ait des tems marqués d'aſſemblées publiques, pour fêter leurs Dieux, leurs victoires, leurs mariages, & leurs funerailles. Si l'on peut ſe fier aux rapports des voyageurs, il en a dans l'Orient le plus réculé, d'aſſez lubriques, pour divertir tout le peuple, deux ou trois fois par an. C'eſt pouſſer la choſe fort loin, & le grand admirateur des Orientaux ſeroit bien embarraſſé de les excuſer ſur cela. Le grand Moyſe a très ſagement joint la Religion à la Politique dans tout cela: auſſi-bien ces deux règles principales de l'humanité, doivent-elles marcher d'accord en tout; autrement la politique ne ſauroit ſe ſoutenir longtems.

Les Loix militaires prouvent bien, qu'il faut joindre les recompenſes aux peines, pour contenir les ſoldats dans l'obéiſſance. En effet
elles

elles font les plus respectées, quoique le nombre dans une Armée, soit en proportion, avec les peuples d'un gouvernement politique. Aussitôt que des soldats n'auront plus que des supplices à craindre, & point de recompense à esperer, l'armée désertera bientôt, & la crainte ne fera que des lâches, & soufflera jusqu'à la moindre étincelle de générosité & d'héroïsme. Sans contredit les Loix militaires sont les plus en vigueur, parce qu'elles joignent la recompense à la peine. Cependant elles ne sont pas aussi fortes qu'il le faudroit, pour s'en promettre un effet infaillible & général. Elles valent mieux que les autres, mais ne valent pas autant qu'il leur faut. D'où vient cela? C'est que tous les Soldats ne sont pas également persuadés des maux qu'on leur ménace, & des biens qu'on leur promet. Cette persuasion intérieure est la grande clef du jeu.

· Les Republiques qui ont le plus réüssi parmi les hommes, sont celles qui ont fixé des recompenses d'honneur pour leurs concitoyens, qui auroient éclaté non seulement par les armes, mais par les lettres encore, par l'éloquence, & par des exemples mêmes de toute sorte de vertus. Or ces recompenses n'auroient pû flatter que des personnes qui goûtoient l'honneur, & qui adoroient l'idole de la liberté politique; après que les peuples avoient été dressés à cela, par une éducation constante, & confirmée par les fêtes & les spectacles publics: En effet les recompenses aussi-bien que les peines,

nes, n'ont de force mouvante parmi les hommes, qu'autant que ceux-ci en font perfuadés intérieurement; & qu'ils s'attachent aux biens qu'on leur propofe, & dont ils apréhendent la perte fi fort, que la vie même leur dévient à charge auffitôt qu'ils défespèrent de les pofféder.　Enfin cette perfuafion eft toujours la clef du jeu, ainfi qu'on l'apprend admirablement bien par la Medecine.

Vous ne voyez guères d'hommes approcher de fang froid à la bouche, un poifon mortel; car la perfuafion eft générale, qu'on fe donne infailliblement une mort douloureufe, & qu'on n'a aucun plaifir à goûter.　Au contraire il n'eft pas rare qu'on mange des champignons, & qu'on s'attache à des filles perdues, entrainé par le goût & le plaifir qu'on fe propofe; car on fe flatte de n'avoir aucun mal à craindre, ou bien qu'on aura toujours le tems d'y apporter des remedes.　Mais auffitôt que nous fommes perfuadés fincérement, qu'il n'y a pas grand plaifir à goûter, & que le risque eft inévitable de fe perdre; perfonne ne hazarde plus; & fi quelqu'un ofoit le faire, tout le monde le condamne, & n'a pas même compaffion de lui. On prétend que tout homme qui n'eft pas tombé en délire, s'en doit rapporter auffi à la perfuafion générale dans les affaires de conféquence.

Ce n'eft pas tout encore.　La Medecine nous apprend que *l'Aprenfione fà il cafo*, comme porte le proverbe italien.　Toutes les fois

que

que l'imagination forte réalise quelque objet qui ne subsiste pas; il en dérive phisiquement le même effet, comme si l'objet étoit réel hors de nous. On a vû quelquefois des Domquixottes faire des actions aussi brillantes, que les héros de l'antiquité, pour leur patrie, & pour la gloire. La force de l'imagination ôte quelques fois la réalité aux objets, & quelques fois réalise des chimères. C'est donc la persuasion interne qui est le ressort principal des actions humaines, & des passions qui nous entrainent: & c'est que tout sage Legislateur doit tacher de produire, pour donner quelque force à ses Loix.

CHAPITRE VI.

A moins que les hommes ne soient bien persuadés, qu'ils ne pourront jouïr des biens qu'ils se proposent, & éviter les maux qu'ils appréhendent le plus, que par le seul accomplissement des Loix: toute Loi est foible & languissante & ne promet généralement aucun effet. Il suffit pour l'énerver, qu'on puisse se flatter de jouïr des plaisirs, & d'éviter les douleurs, sans l'accomplir, ce qui n'arrive que trop parmi les hommes.

Mais ce n'est pas tout, qu'on soit persuadé, que l'un est un Bien, & l'autre un Mal, pour courrir au prémier, & fuïr le second: il faut

se

se perſuader que le bien eſt d'une néceſſité abſolue, & le mal d'une ſenſibilité inſupportable.
'Tout le monde n'eſt pas généralement d'accord
ſur le Bien eſt le Mal, faute de réfléxion : mais
auſſitôt qu'on porte les hommes à y réfléchir
meûrement, ils ne ſauroient s'empêcher de tomber d'accord au moins en gros ; car la ſenſation délicieuſe eſt preſque générale, & la dou-
loureuſe l'eſt encor plus. On convient aiſément qu'il faut préférer le durable au paſſager,
le ſolide au creux, & le réel à l'imaginaire. Cependant comme en détail il y a des plaiſirs incompatibles entr'eux, & qu'il faut choiſir : il
n'arrive que trop que le choix libre ſe fait différemment par les hommes, ſelon les diſpoſitions différentes dans leſquelles ils ſe trouvent.
Quant aux maux, & aux douleurs, on les re-
jette abſolument toutes, par une repugnance
naturelle : mais il arrive ſouvent que la prévention, l'ignorance, & la ſcience même pro-
duiſent par un effet aſſez naturel, qu'on préfére un mal, & une douleur, qui nous préſerve
d'une plus grande ; ou bien qui ſemble nous
conduire à quelque bien cheri, qu'on achette
volontiers, par ſupporter un chagrin qu'on ſe
perſuade inévitable, pour l'obtenir.

Enfin à force de jouïr du plaiſir, & à force
de ſouffrir la douleur, la ſenſation n'eſt plus ſi
vive, ni de l'un ni de l'autre. Leur pointe
s'émouſſe, & peu à peu on s'accoûtume à ſe
paſſer du prémier, & à tolerer le ſecond : ainſi
qu'il eſt démontré par l'habitude du travail, &

de

de l'étude, dont enfin on se fait un plaisir, après s'en avoir fait quelque tems un devoir. C'est bien par là qu'une loi qui vous préserveroit d'une telle douleur, ou qui vous procureroit un tel plaisir, deviendroit avec le tems froide, & bientôt après tout à fait inutile. Peut-être même odieuse, ainsi qu'une infinité d'exemples le prouvent manifestement. Une loi qui procureroit à un enfant le plaisir de se rassasier de fruits, & qui le mettroit à couvert de la nécessité d'apprendre à lire, à écrire, à étudier &c. auroit une force & une influence infinie pour lui, pendant son enfance : Mais tout aussitôt, qu'il ne goûte plus tant les fruits, & qu'il commence à goûter l'honneur de paroître parmi les honnêtes gens ; la prémiere loi n'auroit plus aucune force pour lui : & peut-être même l'abomineroit-il. Ce n'est pas la Loi qui change : c'est l'homme qui a changé, & le plaisir, & la douleur, ont changé avec lui.

Or je défie tout homme de se persuader qu'il ne mourra point : ou bien que les plaisirs & les chagrins de cette vie mortelle, ne changeront pas : de sorte qu'il puisse compter sur la jouïssance continuelle des uns, & désesperer la délivrance des autres. Plus on y fait de réfléxion, plus on en est convaincû : mais sans même beaucoup réfléchir, tout homme en général se défie de la constance des biens, & des maux présens ; & prévoit mille cas possibles & probables d'un soudain changement. C'est donc là une autre source encore de foiblesse pour les Loix humaines.

maines. Vous auriez bien de la peine à parer le coup terrible, que cela leur porte; & je doute fort que tandis que les peuples n'auront d'autre idée de Bien & de Mal, que pour leur vie mortelle, on trouve des Loix aſſez fortes pour les règler, & les contenir dans les juſtes bornes de leur devoir. Vous leur perſuaderiez encore moins, que les plaiſirs qu'ils ſe propoſent, & les douleurs qu'ils fuient, dépendent de l'obſervation des Loix. Mille refléxions, & cent mille exemples apprennent à tout moment, qu'on attrape le plaiſir, & qu'on évite le chagrin, indépendamment des Loix, & quelquefois même en y contrevenant. Le Monde ne manque pas d'un certain goût dépravé qui trouve du plaiſir à rompre en viſière avec la loi même, & qui regarde comme un gêne inſupportable, le droit ſalutaire, qu'elle prend ſur les hommes.

Vous imaginerez-vous après cela, que la Loi ſoit bien forte entre les mains des hommes, qui n'auroient de connoiſſance, & de goût que pour les biens périſſables, & changeans de cette vie mortelle? Si les prétendus Eſprits forts faiſoient quelque cas de la conſcience, & de la ſincérité, je m'en rapporterois volontiers à leur témoignage tout ſeul, pour décider là-deſſus: car toute loi n'eſt pour eux, qu'un être de raiſon, un rien étonnant, ou plûtôt un fantôme hideux. Mr. de M^ou., qui veut bien paroître avec ſa Religon, s'en eſt laiſſé impoſer par des doctrines ſemblables, en plus d'un endroit de ſon *Eſprit des Loix;* & particulièrement au Chapitre II,

de

de son XXVIme livre, où il dit tout naïvement: *Il y a des Etats où les loix ne sont rien, ou ne sont qu'une volonté capricieuse & transitoire du Souverain.* Je dois bien inférer de cela, qu'il y doit avoir des Etats aussi, où les loix sont quelque chose de réel; mais je ne demande que ce simple aveu sincère pour le présent: car je sai bien que les loix ne sont rien, que pour les hommes d'un tel Etat. Ah! que les Souverains de cet Etat-là sont bien peu de chose, puisque les loix qui les établissent, & qui les garantissent, sont reputées pour un rien par leurs peuples.

CHAPITRE VII.

Tous les Legislateurs ont bien pensé différemment sur cet Article capital. Ils se sont bien gardés d'ignorer que la force est toujours relative au sujet, & à l'objet même : & qu'un être réel & puissant, peut devenir très foible en comparaison d'une resistance égale. C'est pourquoi ils ont tous compris, que pour faire prévaloir leurs Loix, il falloit commencer par établir parmi leurs peuples, la persuasion invincible d'une recompense, & d'une peine éternelle, qui ne seroit plus sujette à changement. C'est ainsi qu'un prudent Medecin bien persuadé qu'un tel régime de vivre est indispensable pour conserver la vie, & répristiner la santé

au malade ; ne sauroit le lui faire entreprendre, & goûter, sans lui remettre devant les
yeux, le danger qu'il court, & les plaisirs qui
accompagneront, & suivront sa guérison parfaite. Or tout cela est très réel, de quelque
manière qu'on le prenne, & quelque tour
qu'on lui donne.

Les Novateurs modernes se sont sottement
moqués de Minos, de Licurgue, de Numa, &
d'autres qui, pour donner du poid & de la force à leurs Loix, les ont publiées comme éma-
nées de la Divinité. Ces hommes illustres con-
noissoient bien mieux, que nos sçavans le genre
humain, la force des Loix, & le droit divin,
qui est unique sur les hommes. Je suis hon-
teux de le dire ; Mahomet les plus sot des mortels, a raisonné mille fois mieux que certains
pedans incrédules. A la vérité ils se récrient
contre l'imposture, qu'ils seroient fort embarrassés de prouver; car que savent-ils, si une
Intelligence ou un ancien Demon n'a point
guidé ces Legislateurs de l'antiquité ; ou bien
quelque solitaire philosophe qui s'attribuoit
comme Socrate la familiarité de quelque Génie.
Est-ce que le monde doit croire certains sçavans
sur leur parole toute seule, qu'il ne sauroit y
avoir des Demons, & des Intelligences incor-
porelles? Leur garantie arbitraire n'accommode ordinairement que ceux qui leur ressemblent.
Le gros du genre humain demande des preuves, & non pas des doctrines qui tendent uniquement à la dissolution de toute sorte de liens

capa-

capables de nous contenir dans les justes bornes de la société.

Mais ce qui sans contredit est très positif; c'est que le témoignage de Minos, de Licurgue, de Numa, & de tout autre Legislateur d'origine, & de Mahomet même, prouve qu'il faut que la Divinité intervienne pour obliger les hommes : & qu'à moins du respect religieux, qu'on lui doit naturellement, par la grande idée de sa Toute-puissance, & de sa bonté infinie, qui va au delà même des bornes de cette vie mortelle, on ne sauroit donner quelque force, & consistance aux Loix, qu'il est nécessaire de faire observer aux hommes, pour les rendre heureux autant qu'il est possible. Une fois que cette persuasion a jetté des fortes racines parmi les peuples, que la Nature invite d'embrasser; il ne reste plus qu'à démontrer la correspondance nécessaire de la conduite humaine, avec la Divinité ; soit à l'égard de sa Nature suprème, soit à l'égard de l'objet qu'il s'est proposé en créant l'Univers, & l'homme qui sans contredit y joue le prémier rôle. Aussitôt que cette chaine est bien liée, on peut défier qui que ce soit de la rompre.

Mais il faut bien prendre garde, de ne se pas méprendre, en raisonnant des Loix par rapport aux hommes, & bien distinguer toujours la volonté intérieure, de l'exécution extérieure. Je m'attendois d'apprendre de nos Jurisconsultes fameux, quelque importante réfléxion là-dessus? mais peut-être m'est-elle échappée

pée

pée, ou bien je ne saurois m'en résouvenir.
On ne se propose généralement que l'exécution
de la Loi, sans se mettre en peine si elle sera
comprise, approuvée, & si on la voudra sincérement. Cependant toute exécution sans cela
n'est que passagère & infidèle ; & comme elle
ne dépend pas moins de la volonté intérieure,
que des moyens extérieurs : ceux - ci ne dépendent pas toujours ni des hommes, ni de la Loi.

Un Battaillon doit à la pointe du jour, en
rélever un autre, pour soutenir un Fort qui
est sur le bord opposé de la rivière. La nuit
l'eau enfle de sorte, qu'elle emporte le pont,
& tous les batteaux pour la traverser. Elle est
profonde, & n'a point de gué. Le Soldat n'est
pas censé de savoir nager ; & quand il le sauroit, on ne nage point en ordonnance. Cependant le Battaillon se présente du grand ma-
tin, & coûte qui coûte voudroit bien passer à
son poste d'honneur. Mais que faire ? Il faut
aller chercher des barques fort loin ; & en attendant les ennemis attaquent le Fort, & l'
honneur de les repousser, reste à la garnison
de la veille. Ce n'est pas la faute, c'est le malheur du Battaillon. Cet exemple en dit assez :
mais je crois que cet Article mérite qu'on s'y
arrête un peu, & que j'explique plus clair mon
sentiment là-dessus.

CHAPITRE VIII.

Pour faire que les hommes agiffent, il faut les faire vouloir, & on ne fauroit faire vouloir par force. Sans chicanner fur les mots, je dirai uniquement ce qui eft palpable à toute la Terre. On veut toujours librement, lorfqu'on préfére à la perte d'un bien que l'on aime fort, un mal qu'on ne voudroit pas, mais qu'il faut avaler, pour prévenir un plus grand dommage. Sans cela la plus grande violence n'eft que foibleffe. Un homme qui ne craindroit pas de perdre la vie, les biens, l'honneur, & qui auroit la rage de fe moquer des tourmens, des prifons, & de l'infamie ; comment lui feroit-on violence ? C'eft donc l'attachement naturel pour ces chofes-là, qui le détermine à vouloir : car fans cela, vous auriez beau faire, vous ne viendriez jamais à bout de rien avec lui. Il ne fauroit ni vouloir, ni agir. Une force extérieure pourroit bien lui mouvoir les bras & les jambes, mais ce ne feroit pas lui qui agiroit alors. C'eft le principe dont les Stoiciens ont fi fort abufé.

Ce qui nous fait vouloir, c'eft la connoiffance du Bien, que nous nous propofons, comme dépendant de l'action, qu'on entreprend de faire. Ce qui nous fait vouloir, c'eft quelquefois l'abondance des moyens qui fe préfente d'elle-même, & qui excite notre volonté, par la

H

facilité

facilité d'agir, qu'elle nous propofe. Ce qui nous fait vouloir enfin, c'eft la néceffité, dans le fens qu'on a expliqué ci-deffus : car on ne fauroit fe paffer de vouloir notre Bien-être. Mais dans le fond, tout cela revient au même ; & fans connoiffance de caufe, il eft ridicule de dire, qu'on veut : & tous les honnêtes gens regardent comme une véritable folie, de vouloir je ne fai quoi.

A la vérité beaucoup de monde veut bien quelquefois des chofes, qu'il ne connoît pas clairement & diftinétement : & même ce n'eft pas rare de vouloir par curiofité ; mais il faut toujours une connoiffance fuffifante pour nous propofer quelque chofe comme un Bien. On fe trompe bien quelquefois aux apparences : mais on en revient auffitôt que l'expérience nous a détrompé, ou qu'on fe prête aux avertiffemens falutaires qu'on nous donne. Ce feroit fort mal à propos, qu'on appelleroit Volonté ce qui n'eft qu'un tentatif paffager, auquel on donne le nom de Veleité. Pour un principe agiffant, il faut une connoiffance fuffifante, capable d'exciter l'amour, & déterminer par là notre volonté, à la recherche des moyens convenables, pour acquerir l'objet aimé, ainfi que l'entendement le propofe à chaqu'un, felon la propre étendue de chaque individu.

Tout homme comprend affez naturellement, que ce qu'il forme lui-même de fes propres mains, ne fauroit avoir plus de vertu & d'efficace,

cace, qu'il n'en lui donne. Que la reconnoiſſance & la dépendance reſpectueuſe eſt fort convenable, envers l'Auteur de la Nature, ſource
de toute ſorte de biens, & liberateur de toute
ſorte de mal : Et envers des parens qui nous
ont donné la vie, qui nous ont nouri, aimé,
careſſé, & qui ont pourvû à tous nos beſoins.
Y auroit-il quelqu'un, qui en ayant fait de
même à l'égard de ſes enfans, & de tout autre
perſonne, n'en prétendît pas la revanche?
C'eſt ainſi que comme on n'aimeroit pas d'être
tué, d'avoir ſa femme enlevée, ni ſes biens
ni ſa reputation; on comprend auſſitôt aſſez
clairement & diſtinctement, qu'il n'en faut pas
faire de même aux autres: ni propoſer un exemple ſemblable, & inviter tous les autres aux
repreſſailles. Qui eſt-ce qui ne comprend pas,
que ce ſeroit ſe commettre cent mille contre
un? Voilà donc la Loi forte, qui perſuade &
fait agir d'abord ſur tout cela. Auſſitôt compris, auſſitôt voulu d'un cœur ſincère & très
efficace.

Mais il arrive bientôt, qu'un de nos ſemblables nous offenſe, & nous attaque! qu'une paſſion violente nous ſaiſit, & nous porte à ſouhaiter furieuſement la femme du prochain, ſes
biens, & ſa reputation ſi elle traverſoit nos pour-
ſuites. O pour lors la Loi divine & humaine,
que nous approuvions, & nous aimions tant,
pendant le calme, n'eſt plus la même pendant
le trouble. Elle paroît nous gêner. On ne
ſauroit plus y conſentir ſi volontiers. On eſt

H 2

porté

portè à y refifter, & à tout entreprendre pour
en éluder les effects. Voila donc la Loi foible; &
c'eft bien pour cela qu'on tache de la fortifier
par le fécours des ménaces & des promeffes;
qui dans le prémier cas n'étoient pas affurément néceffaires.

Direz-vous donc pour lors, que les hommes
étoient foibles lorsque la Loi les guidoit aifément; & qu'à préfent ils font les plus forts?
Point du tout.　Au contraire ils font tombés
dans la dernière foibleffe, & c'eft leur impuiffan-
ce à la connôitre, à la goûter, & à l'exécuter,
ce qui arrête l'effet de la Loi.　Peut-être voudroit-on bien pouvoir faire ce que la Loi ordonne : mais la force manque, pour faire la
moindre démarche vigoureufe en fa faveur.
Peut-être même qu'on fe trouve tellement envéloppé de tenèbres fombres & palpables,
qu'on ne difcerne plus de clarté, & qu'on ne
fauroit bouger de la fituation, où on fe trouve.

Un homme preffé du fommeil, abattû de
laffitude, languiffant par la faim, brûlant de
foif, abandonné au chagrin, à une vive douleur phifique ; ou bien furpris par une terreur
panique, par quelque paffion impétueufe, & par
une habitude invétereé, qui lui donne un penchant invincible; fe laiffera tuer mille fois plûtôt, que de faire le moindre pas, pour fuivre
les traces d'une Loi, qu'il a toujours approuvée, aimée, & même fuivie autrefois. Vou-
lez-vous à préfent qu'il y confente, & qu'il l'
accom-

accomplisse : tirez-le de ce bourbier fatal où il est plongé, car tandis qu'il reste dans cet état-là, il n'y a point de Loi qui vaille pour le faire agir.

CHAPITRE IX.

Ce n'est pas tout encore. Il faut lui fournir les moyens requis, pour l'action proposée par la Loi, autant pour le positif, que pour le negatif : car sans cela la volonté même plus elle est forte, & tache d'être efficace, plus elle devient un tourment, aussitôt que les moyens nous manquent. Et pourquoi voudroit-on, direz-vous, lorsqu'on manque de moyens ? C'est que l'on est porté à vouloir par la connoissance que la Loi nous donne : mais qui ne fournit pas en même tems les moyens pour l'accomplir. Nous ne saurions nous passer d'aimer & de souhaiter ce qui nous semble beau & bon : mais les moyens pour y parvenir sont indépendans de nous, & nous ne sommes pas toujours les maîtres de nous en fournir à l'occasion. C'est ce qui n'arrive que trop lorsqu'on est une fois tombé malade. Pendant la santé on peut aller chercher, & se procurer de quoi vivre : mais quand on est malade, on ne sauroit plus ni gagner sa vie, ni trouver de quoi se guérir, sans le secours charitable de celui qui est en bonne santé.

 De

De tout cela il m'eſt bien permis d'en déduire. I) Que toute Loi a beau nous impoſer un devoir, que notre connoiſſance contrediroit intérieurement, & nous le repréſenteroit comme un mal. On pourroit bien quelques fois s'y conformer à contrecœur, pour ſatisfaire les apparences : mais que ne feroit-on pas pour nous en diſpenſer, toutes les fois que nous aurions l'adreſſe de ne rien hazarder des biens qui nous ſont chers ? Que ſi le dommage, que nous préſumons dériver de la Loi, ſurpaſſe celui qu'on pourroit encourrir en la transgreſſant, il eſt ſûr qu'on n'en feroit jamais rien : & il n'eſt pas poſſible de fixer toujours la peine de la transgreſſion, au-deſſus de la peine qu'on croit avoir dans l'accompliſſement. Plus les peines ménacées ſont rigoureuſes, moins eſt-il permis de les infliger aux transgreſſeurs.

II) Quand même notre connoiſſance ne témoigneroit pas contre la Loi ; il ſuffit pour qu'elle ne ſoit pas accomplie, que notre connoiſſance ne témoigne pas en faveur de la Loi : car on n'agiroit plus alors par volonté, mais par nonchalance, ce qui ne vaut rien pour agir. On a beau ſuppoſer que les hommes ſont des bêtes. Toutes bêtes qu'ils ſeroient, ils n'en ſeroient pas moins des raiſonneurs inceſſans : & plus ils raiſonneroient mal, tant pis pour la Loi, & pour le Legislateur. Oſeroit-on nier que les peuples les plus ignorans, ſont les plus lâches obſervateurs des Loix, & les plus portés d'en ſécouer le joug, & à les changer & abolir

tout

tout à fait ? Pourquoi feroient-ils autrement,
s'ils ne connoissent ni la justice, ni l'utilité de
la Loi, ni le droit qu'elle doit avoir sur eux?
Au contraire les plus fermes & presque invincibles à tenir bon pour leurs Loix, sont les peuples les plus éclairés, & les plus persuadés intérieurement des biens que la Loi propose, &
qu'on acquiert en l'observant. Quelques fois
la persuasion va jusqu'à l'entêtement, & à l'ob-
stination, dont les Sybarites, selon l'histoire
ancienne ont fourni une preuve éclatante.

III. Il ne suffit pas qu'on connoisse la nécessité de la Loi, qu'on l'approuve, qu'on l'aime,
& qu'on la veuille sincèrement. Il faut que les
obstacles soient levés, & que les hommes soient pourvûs des moyens convenables pour les
accomplir: sans quoi tout est inutile, malgré les
promesses, & les ménaces qui l'accompagnent.
On dira que la Loi est foible. Point du tout.
Ce sont les hommes qui le sont,& qu'il faut fortifier, si vous voulez que la Loi s'accomplisse. En
effet les hommes sont le sujet,& la matière, qu'il
faut préparer, pour que la Loi y puisse travailler
dessus, avec probabilité d'un heureux succès.

IV. On ne vient à bout de cette préparation
nécessaire. que par l'éducation de l'une & l'autre jeunesse: & par lui persuader, que l'obser-
vation, ou la transgression de la Loi, ont des
recompenses, & des peines à attendre infailliblement, d'une main supérieure aux hommes,
de laquelle on ne sauroit jamais se soustraire,
ni échapper ; & qui les attend principalement

dans un état éternel, pour les rendre heureux ou malheureux à perpetuité. Que cette main ne les attrappe pas moins quand elle veut, pendant cette vie, où elle décide de leur fort, à proportion de leur conformité aux Loix qu'elle a fait émaner de l'origine du monde, & dont les traces font affez manifeftes dans la Nature. Que pendant cette vie mortelle, elle a beaucoup d'égard pour fes créatures, dont elle ne demande que le bonheur, moyennant la correction, & la reparation du tort qu'elles fe font. entr'elles, & du mauvais exemple qu'elles fe donnent reciproquement, au grand dommage de la fociété. Mais qu'après la mort, ce qui fuit inévitablement pour les obfervateurs, eft délicieux au fuprème degré, comme c'eft extrêmement horrible & miférable, pour les transgreffeurs.

Sans cela on ne viendra jamais à bout de rien, ainfi que je dois l'avoir prouvé ci-deffus: & tout au plus on n'obtiendra qu'un effet cafuel, & trompeur, qui arrêtera tout Legislateur. Le peu de bien même auquel on peut parvenir, ne reviendra que du plus ou du moins, que les peuples feront bien perfuadés de leur Religion. Car pour ceux qui l'ont une fois égorgée, & qui la foulent aux pieds; on fe trompe fort fi on en efpère quelque bon effet. Ces gens-là ne regardent toutes les Loix humaines, que comme un grand rien; ainfi que Mr. de M^{on}. vient de nous le garantir. Il y aura bientôt en Europe quelque coin, où les

tra-

traces mêmes de la Religion se vont effacer tout
à fait, & la totale dissolution, le chaos & l'a.
bîme, ne manqueront pas de suivre aussitôt.

CHAPITRE X.

Ie ne saurois me dispenser en finissant cet Article, de faire quelque refléxion sur la proposition: *que la force des Loix humaines vient
de ce qu'on les craint*, ce qui est bien parallèle
au principe de Mr. Hobbes. Peut-être que Mr.
de M⁰ⁿ. ne s'est pas bien expliqué dans cet endroit-là, comme il n'arrive que trop à tout le
monde; d'autant plus qu'en divers autres endroits de ses ouvrages, j'ai crû trouver des propositions incompatibles avec celle-ci. Mais quel
que soit son sentiment là-dessus, je crois cette
proposition insoutenable, lors même qu'il a-
joûte: *Les Loix humaines tirent avantage de
leur nouveauté, qui annonce une attention particulière, & actuelle du Legislateur, pour les
faire observer.* Il est bien malaisé de tirer encore aucun sens juste & raisonnable, de ces paroles: car on ne devineroit pas aisément s'il
parle des Loix nouvelles, ou des nouveaux objets de ces mêmes Loix ; & quel avantage en
tire le Legislateur, pour les faire mieux observer. Si l'objet est nouveau tout à fait, on n'en
sauroit conclure aucune attention particulière &
actuelle, puisqu'il n'avoit plus parû jusqu'alors.
Si l'objet est ancien, la Loi n'est que réiteréc,

par l'oubli où elle étoit enfevelie, & par conféquent, je ne la dirois pas nouvelle; & je croirois lui donner un nouveau degré de force, en rapellant fon ancienneté.   Enfin c'eft peutêtre ma faute : mais je n'y vois goûte non plus, que dans tout ce qu'il dit de la Religion, au Chap. II. de fon Liv. XXVI, de *l'Efprit des Loix.*

Je puis comprendre encore moins, comment on ofe établir la crainte pour principe, puisqu'il eft évident qu'on ne fauroit craindre, que de perdre ce qu'on aime, & que où il n'y a point d'amour il n'y a point de crainte. Ainfi le principe eft l'amour, & non pas la crainte; & on ne fauroit expliquer la propofition ci-deflus, qu'en difant : *Que la force des Loix humaines vient de ce qu'on aime les biens, qu'elles menacent de nous enlever, fi nous ne les obfervons pas.* Voilà peut-être le véritable fentiment de cet illuftre Auteur.

En conféquence de ce principe-là, il faut donc que le Legislateur pour donner de la force à fes Loix, commence par former fes peuples à l'amour de la vie, des biens, & de l'honneur, & qu'il leur faffe comprendre & goûter en quoi confifte une louable jouïffance de tout cela. Ne dites pas, que cela eft affez naturel & commun aux hommes, car l'expérience prouve bien le contraire.   Ce n'eft qu'en Grece & dans l'ancienne Rome, que l'hiftoire nous conferve des preuves, que le menû peuple goûtoit la liberté, & l'honneur.   Chez les Nations modernes débarba-

barbarifées; où la Nobleffe n'a pas encore tout
à fait foulé le peuple, quelque fentiment d'honneur fe conferve encore : mais peut-être eft-il
mal appliqué, & mal entendu; c'eft pourquoi
les fuites en feroient peut-être embarraffantes
pour un Legiflateur.

Quant aux biens l'abus en eft tellement général, que je ne faurois qu'en augurer pour
l'obéiffance des Loix. Car peut-être n'y a-t-il
rien au monde qui porte plus les hommes à les
violer, que la paffion des richeffes. Le Bien
fuffiffant, l'abondant, & le delectable règlé,
n'eft guères du goût des hommes corrompus
comme ils font. Pour parvenir aux richeffes
on cherche le chemin le plus abrégé foit bon ou
mauvais; & la plûpart y facrifie le néceffaire,
& la mifère les accable bientôt. On fe rebute
par les obftacles, par la concurrence des pau-
vres, & par la faifie des puiffans, qui ne laiffent
plus glaner fur leur terres. Rien n'eft plus
fréquent, que de voir les perfonnes abjectes
défefperer des richeffes, tomber dans la defola-
tion; & ceux qui refiftent à la tentation du
vol, & du larcin, s'abandonner à une lâche fer-
vitude, dont on regorge parmi toutes les Nations civilifées. Cela auroit été horrible parmi
les anciens Grecs & Romains.

Mais l'article principal qui eft fondé fur l'attachement naturel, que tout homme doit avoir
pour les Biens, c'eft le travail & la fatigue des
peuples, indifpenfable pour les acquerir. Cet
Arti-

Article eſt très important, puiſqu'il eſt la baſe de toutes les forces d'un état, qui conſiſtent dans les richeſſes des fonds propres, & des fonds étrangers, attirés par le commerce, moyennant l'induſtrie, & la culture des ſciences, des arts, & des manufactures qui en dépendent. Voilà le véritable tréſor de la paix, & de la guerre. Ne vous imaginez pas que la néceſſité de vivre, & de fournir aux bèſoins de ſa famille, auroit parmi le peuple aſſez d'influence, pour le faire travailler. J'en doute fort. La plûpart des hommes miſérables, qui ne travaillent que pour un morceau de pain, ne travaillent que peu ou point, & trouvent bien ſouvent à charge leur propre famille. Ce n'eſt que l'eſpérance & la probabilité de changer de condition, par l'augmentation des Biens, & par les richeſſes, qui eſt capable d'endurcir, & d'obſtiner l'homme au travail aſſidû, & d'exciter un eſprit d'induſtrie. Quelquefois le principe n'eſt pas bon, mais l'effet eſt louable. Un homme attaqué de la goûte, ou d'une retention d'urine, voit le feu qui prend chez lui, & qui gagne ſon appartement, il rappelle ſi bien les reſtes de ſes forces, qu'il ſaute de ſon lit, ſe ſauve, & guérit de ſa maladie.

Or pour cet important effet du travail des peuples, & pour brider l'avidité des richeſſes, il faut que le Prince y donne des attentions toutes particulières. Il faut connoître & léver les obſtacles, encourager les peuples, les fortifier autant que la ſituation du païs, leur génie, &

leurs

leurs habitudes le permettent : mais sur tout il faut, qu'il leur fasse goûter l'honneur d'exceller dans les arts, & l'avantage de jouïr, & de profiter avec assurance des produits de leur industrie.

Quant à l'amour de la vie qui paroît un sentiment tout à fait naturel, & nécessaire aux vivans ; il faut qu'on ne vive pas pour souffrir & gémir incessamment, & pour voir la désolation ou l'oppression de sa famille ; car je doute fort que dans un tel état, la Nature insinue l'amour & l'attachement à la vie, sans un fond de Religion admirable. Il ne faut pas moins se garder, que certaines doctrines impies ne gagnent la multitude : car tout est perdû immanquablement. Une fois que les hommes du menû peuple, parviennent à douter seulement, s'ils sont quelque chose plus qu'une simple machine, ou un franc animal ; les voilà tous prêts à sécouer toute sorte de joug, & jusques à s'ôter la vie, s'ils désesperent de parvenir au moindre but qu'ils se proposent. Une bête ne sauroit rien faire de pareil, car c'est une bête : mais tout homme sera capable de le faire aussitôt qu'il croira d'avoir tout à craindre pendant sa vie, & rien à esperer après sa mort. Ne voit-on pas que les hommes ont tant de peine à se contenir dans les plaisirs sensuels, par la crainte même de la verole, qui est une des plus dangereuses & abominables maladies, par laquelle on risque, ou de perdre la vie, ou de la traîner languissante pour toujours ? Dans quelque
coin

coin de l'Univers on trouve des hommes qui se caslent la tête d'un coup de pistolet, pour ne pas languir d'une semblable maladie, & même pour ne la pouvoir plus gagner. Si des exemples aussi détestables ne sont pas fort communs dans le genre humain, & même parmi les plus barbares, c'est qu'on a de la peine d'effacer toute les traces de la Religion, & de l'humanité, qui en est inséparable.

Oh! je demande à Mr. de M**. si la loi aura jamais quelque force, pour des gens qui se tuent de sang froid eux-mêmes, parce qu'ils s'imaginent de n'avoir rien à craindre ni à espérer après leur mort? Ajoûtons-y, que selon le sentiment qu'il a expliqué dans son livre, les peines pour les plus grands scelerats, ne seroient que le bannissement, & la prison. N'est-ce que la crainte de cela, qui donneroit toute la force à ses Loix? Cependant le même Auteur dit, que ce n'est que ceux qui croyent une vie à venir, qui échappent au Legislateur. Cela est bien dur.

CHAPITRE XI.

On appelle la Loi plus ou moins forte, lorsqu'elle se peut promettre un accomplissement plus ou moins étendû & infaillible. Voilà comme on l'entend généralement: mais il s'en faut beaucoup qu'on entende bien. Point de
Loi

Loi humaine pas même la Divine a été jamais
affez forte, pour furmonter avec affurance la
foibleffe des hommes. Il en faut fuppofer toujours une violation presque générale, & c'eft
bien par là, qu'il fallût une Loi fupérieure à
toute autre, qui accorde des excufes, & le pardon général aux transgreffions; autrement toute
Loi n'auroit de véritable effet, que de perdre
le genre humain. Tout ce que la loi peut fe
propofer, c'eft d'être goûtée, & pratiquée le
plus fouvent qu'il eft poffible, & de fe faire
connoître & aimer généralement, de forte que
lors-même qu'on eft pouffé à la violer, on en
avoue la convenance, & que le répentir de la
violation fuive auffitôt. On ne fauroit en demander davantage, vû le changement très fréquent d'homme en homme, & quelquefois
d'homme en brûte; de forte qu'on 'fe tromperoit fort de prétendre que le même homme
penfât, voulût, & agît toujours de même. Cette
métamorphofe eft l'écueil fatal des loix: & c'eft
ce que tout Legislateur ne doit jamais perdre
de vue, pour n'être pas la dûpe de fes bonnes
intentions.

Quoique l'humanité foit la même dans le
fond, les individus qui la compofent font fort
différens entr'eux, & cela n'eft que trop manifefte par le corps humain. La Figure humaine,
& l'organifation du corps, eft bien pour l'effen-
tiel la même en tous: mais les traits naturels,
les tempéramens, les habitudes qui en découlent, cent autres chofes & jusques les maladies,
diver-

diverſifient les hommes, de façon que ce qui convient aux uns, ne convient nullement aux autres. Les remedes qui guériſſent ceux‑ci, tuënt ceux‑là immanquablement. Les choſes qui flattent le goût des uns, choquent celui des autres : & on auroit toutes les peines du monde, de faire déſiſter les prémiers de ce qui leur plait, & de rapprocher les ſeconds de ce qui les ré‑ bute. Ce n'eſt pas tout. Les inclinations, & les goûts changent dans le même homme, qui abhorrera préſentement ce qu'il pourſuivoit avec une paſſion extrème autrefois. Quel fond reſte‑t‑il donc à faire, ſur la force permanente des loix, qui flottent ſur une mer autant infi‑ dèle, que les hommes ?

Je ſai bien qu'il y a toujours quelque choſe de commun aux uns & aux autres; & que la néceſſité ſe fait bien ſentir à tous, & les con‑ traint quelquefois de faire même ce qu'ils ne voudroient pas : mais cela même n'eſt pas un fond ſtable, pour y fonder la loi; car qui peut ignorer combien les néceſſités varient dans les corps malades ? Ajoûtez que cette néceſſité pour être agiſſante, doit ſe faire connoître, & ſentir bien préciſement, & très vivement par les hom‑ mes; car tant qu'on ne ſent pas la maladie, on ne penſe point à prendre de medecine, & à ſe ſoumettre au régime convenable pour guérir. Y a‑t‑il rien de plus commun aujourd'hui, que d'entendre des hommes, qui en ont du moins la figure, ſoutenir que le libertinage, & la li‑ cence, ſont conformes à la Nature ? Comment

per‑

persuaderez-vous à ces gens-là de se soumettre
à la Loi qui les défend? Si vous leur ménacez
une peine, ils tâcheront de l'éluder, de se soustraire aux inspecteurs; & toutes les fois, qu'ils
s'en croiront à couvert, ils se moqueront d'une
loi, qu'ils condamnent déjà dans leur cœur; &
quelquefois même ouvertement par leurs paroles. Persuadez prémièrement les hommes,
fixez leur fond, posez-les sur un solide d'où
ils ne puissent branler, & pour lors imposez-
leur des loix: mais si cette préparation n'est
pas faite préalablement, ne vous attendez pas
à un grand succès, quelques loix que vous leurs
donniez.

Je m'étonne que Mr. de M^{on}., qui ne peut
s'empêcher d'avouer: *Qu'il est pourtant nécessaire à la Société qu'il y ait quelque chose de
fixe, & que c'est la Religion qui est quelque
chose de fixe:* ayé en même tems si fort séparé
les Loix divines des humaines, & nous les re-
présenté comme incombinables. *Ces deux
Loix,* dit-il, *diffèrent par leur origine, par
leur effet, & par leur nature.* Que reste-t-il
après cela pour rapprocher cette différence totale? Cependant, à son avis, il n'y a rien de
fixe dans la Société que la Religion, & celle-
ci est toute d'un autre nature que les Loix humaines, qui restent par conséquent ce *Rien* dont
l'auteur parle dans le même endroit.

Licurgue pour rendre la force & le penchant
des corps également distribué à son peuple, a

I

en recours à l'éducation, à la Gimnastique, &
jusqu'à la nouriture de la jeunesse, pour lui former des habitudes, & des inclinations convenables à l'observance de ses Loix. Il ne désespe-
roit pas même d'en faire peu à peu découler les
penchans phisiques, par la génération. Tous
ces soins-là ont bien produit de bons effets pour
la guerre: mais en même tems les Lacédemoniens ont pris un certain air brusque, des manières rudes, impolies, malhonnétes, & quelquefois brûtales, pour ne pas dire inhumaines.
Le grand objet de l'égalité ne s'est point sou-
tenû. Les sciences & les beaux arts, n'ont
point fleuri, & le commerce encor moins. D'où
vient cela? C'est qu'aussitôt qu'on veut pousser
une vertu à son plus haut degré, on saute son
juste milieu, & on s'éloigne de toutes les autres. L'homme n'est pas capable de tout en
perfection; & dès qu'on prétend à quelque universalité, il faut se contenter du moien, & tem-
pérer la force avec la foiblesse. L'homme
que vous voulez trop fort, en devient aussitôt
trop foible: & c'est ce que la Medecine nous apprend, & nous fait toucher à la main.

CHAPITRE XII.

Du prémier moment qu'un sage Legislateur publie une loi, il en doit présumer la violation, & en préparer les excuses & le pardon: car sans cela c'est un Tiran, ou plûtôt un franc-ignorant de l'humanité. La loi se viole bien volontairement quelques fois par malice, indépendamment de toute connoissance de cause; & sans savoir si elle est juste ou injuste, avantageuse ou non. On resiste à l'autorité qui l'impose, on la méprise; & ce n'est pas rare de faire tout cela par dissimulation, pour éluder la péine. C'est en quoi consiste la véritable violation de la Loi.

Quelques fois aussi on la viole involontairement, par défaut d'attention, & de refléxion; tout comme par distraction, & par nonchalance, on neglige des choses très nécessaires & utiles à la vie, & quelquefois même délicieuses. On se dispense quelques fois, de prendre une Medecine, sans mépriser le Medecin, & sans savoir précisément pourquoi. Peut-être n'y a-t-il, que quelque présomption de quelque amertume à la bouche; & n'a-t-on en vue, que de temporiser, pour la prendre après, si l'occasion le demande.

Enfin on viole quelquefois la loi à contrecœur, & en dépit de soi-même, faute de moyens,

par

par une foibleſſe naturelle, & par une averſion phiſique qui nous paroît invincible : mais en même tems on l'approuve, ſon l'aime, on tâche de l'accomplir, on y porte les autres, & on déplore hautement ſon malheur, en ne l'accompliſſant pas. On ſeroit bien injuſte de confondre tous ces trois violateurs enſemble. Le prémier eſt un coupable qu'il faut punir. Le ſecond il faut l'avertir, & l'encourager : Et le troiſième il le faut, non ſeulement excuſer, mais le placer bien au-deſſus d'un obſervateur qui n'agit que par habitude, par ignorance, ou par crainte du châtiment.

C'eſt d'un principe auſſi évident que celui-ci, qu'il m'eſt permis de déduire les conſéquences ſuivantes. 1) Que l'obſervation de la Loi, proprement dite, ne dépend que des diſpoſitions intérieures, & des ſecours extérieurs des hommes auxquels on l'impoſe. 2) Que ſa force conſiſte dans ſa clarté & précieuſeté, qui la fait perſuader & goûter aux hommes, par la combinaiſon de ſes lumières, avec celles qu'ils tiénnent préalablement de leur nature, de leurs inclinations, & quelquefois de leurs néceſſités accidentelles. 3) Que la foibleſſe de la Loi dépend non ſeulement du défaut de cette combinaiſon : mais encore de l'incertitude de leur effet, ſoit pour obtenir les biens qu'elle propoſe, ſoit pour éviter les malheurs qu'elle ménace. Une loi qui ne ſe propoſe pas pour objet quelque bien pour la ſociété, n'eſt plus loi elle-même, & n'a plus de droit ſur les hommes.

Mr.

Mr. de M^{on}. a très bien dit: *Que les Loix font fouvent des grands biens cachés, & des petits maux très fenfibles.* En effet tout le monde n'eft pas en état de connoître les biens, au prémier coup d'œil, & ne laiffe pas de fentir les maux du prémier inftant; mais la connoiffance des prémiers ne tarde pas longtems à fe dévélopper par la pratique, comme aux enfans.

De tout ce que nous avons examiné jufqu'ici, il femble que ce n'eft que fort équivoquement, qu'on apelleroit Loi, toute volonté, & toute ordonnance arbitrairement impofée, qui ne liéroit pás les hommes, par l'intérieur de l'entendement, & de l'amour, pour les conduire à témoigner leur confentement par l'action extérieure. Tout ce qui ne liéroit, & contraindroit que le corps, ne s'appelleroit loi qu'abufivement, parce que les hommes ne feroient jamais cenfés d'y confentir librement.

Ajoûtons enfin, qu'on n'auroit pas mal penfé de regarder toute loi, comme un Contract entre le Legislateur, & les peuples, dont le reciproque feroit le bien réel, qu'on lui auroit promis, en conféquence de l'obfervation de la loi; Bien qui doit être clairement, & diftinctement connû, & librement accepté, fans féduction ni violence: ce qui renverfe de fond en comble, toute la prétendue force des loix par la crainte. Je ne pouffe pas da-

davantage cette confidération : car on diroit
que plufieurs Jurisconfultes regardent les peuples comme des bétes. Les plus moderés les
regardent comme des petits enfans. Non non.
Il faut les regarder comme des hommes foibles par leur Nature, & infirmes par leur
faute : Mais, on paffe fort bien des contracts
avec des malades, qui ne font ni fols, ni en
délire. Les Teftamens en font une preuve
parlante.

LE VÉRITABLE
ESPRIT DES LOIX.
TROISIÉME PARTIE.

CHAPITRE I.

On apelle Esprit parmi les hommes, ce qui les rend intelligens, amoureux, & agissant : Il faut donc que ces mêmes hommes apellent Esprit, parmi les animaux, les végetables, & les minéraux, ce corps subtil, délié, imperceptible, & mobile au dernier point, qui manifeste dans ces mêmes corps, les marques, & les signes extérieurs de l'intelligence, de l'amour, & de l'activité humaine. C'est ainsi qu'en parlant des Loix, on ne sauroit concevoir pour leur Esprit, que ce qui les rend intelligibles, aimables, & agissantes parmi nous ; c'est à dire leur objet principal & universel, qui ne sauroit

être

être que le bonheur du Genre humain : Bonheur réel, complet, & durable ; & quand cela ne se pourroit pas, d'en approcher du moins, le plus qu'il est possible, pour rendre les hommes moins malheureux dans les maux qu'ils ne sauroient éviter, & plus heureux dans les biens dont ils peuvent jouïr.

Je ne sai si on pourroit attribuer aux Loix d'autre objet, que celui-ci ; car je doute fort, que les hommes se moqueroient d'une ordonnance, & d'un commandement, qui ne les intéressât pour rien, & moins encore qui répugnât directement à leur subsistance, & à leur bien-être. Si des Loix telles se font publiées quelques fois par les Tirans les plus inhumains, soutenues par la violence des plus cruelles ménaces ; ce n'a été toujours qu'un orage passager, qui s'est aussitôt dissipé, & qui à été suivi de la détestation générale. Il est donc impossible d'attribuer aux Loix d'autres objets, que le bonheur des hommes auxquels elles font imposées. Cela dût éclater tôt ou tard dans quelque Loi qui ait jamais subsisté dans le monde, & qu'on puisse y publier à l'avenir. Des Legislateurs peuvent bien se tromper quelquefois : mais leur intention ne sauroit être absolument différente.

Je ne disputerai point, s'il y a un Bien réel, complet, & toujours durable, qui puisse appartenir aux hommes : mais je ne crois pas qu' aucune personne raisonnable puisse douter un moment, que tout homme ne le souhaiteroit vérita-

véritablement tel, s'il espéroit de l'obtenir; de
forte que ce n'est que l'espérance qui décide de
cet important objet. En effet il ne sauroit y
avoir d'homme au monde, qui à moins de
tomber en démence, préférât un bien chimèri-
que au réel; un bien partagé à un complet;
& un bien périssable à un durable pour toujours, lorsqu'il se persuade de le pouvoir obtenir. En comparaison des biens réels, com-
plets, & durables, les chimériques, les parta-
gés, & les passagers, passeroient pour des
maux, si on contraignoit les hommes de les
préférer aux prémiers. Mais en défaut de
ceux-ci, les seconds sont bons encore: & c'est
sur la même règle qu'on raisonne des maux.
Les moins aigûs & les moins durables, sont
toujours préférables aux autres, particulièrement lorsqu'on présume, qu'on peut s'exempter par ceux-ci, des maux dont la fin est fort
éloignée, & la force est violente: ou bien lorsqu'on espère par la souffrance des maux légers
& passagers, de parvenir aux grands biens qu'
on se propose.

Il n'est donc pas même douteux, que l'objet
principal des Loix doit être le bien réel,
complet, & durable autant qu'il est possible.
Qu'en défaut de celui-ci, le bien imaginaire,
partagé & passager, peut avoir lieu; & quelquefois aussi le moindre mal, s'il nous préserve
d'un plus grand, ou bien s'il nous sert de degré à quelque bonheur important. C'est cela
qui a trompé bien de raisonneurs superficiels, dans

I 5

les

les contrariétés & différences essentielles, qu'ils ont crû trouver dans les Loix particulières des différens peuples. Toute cette contrariété auroit sans doute disparû, si on s'étoit donné la peine de combiner les Loix, avec les inclinations, les habitudes, les circonstances, & les convenances des Sociétés particulières, auxquelles on les avoit imposées. Car le Bien est sans contredit, ce qui est conforme à la Nature, & à la société humaine, dans quelque circonstance où elle se trouve. C'est de là que la saignée, & l'amertume du spécifique, qui sont un mal pour les hommes en santé, ne laissent pas d'être un bien, & un grand bien pour eux aussitôt qu'ils tombent malades. Une fourrure de peau qui incommoderoit fort les habitans du Malabar, seroit fort commode & nécessaire pour des Lappons.

Ajoûtons, qu'on ne débarbarise point les Barbaresques, par la douceur des Loix, quoique leurs chevaux se guident par un fil de soye, ce qui ne serviroit de rien pour ceux d'Allemagne. Les peuples docilisés se revolteroient bientôt par la rudesse des Loix ; la plûpart des femmes, & des honnêtes gens, ne sauroient souffrir la dissection anatomique d'un animal vivant. Le déshonneur c'est tout comme rien pour les peuples Turcs, & pour leurs esclaves. Au contraire il est si cruel aux païs où la Noblesse est connue, qu'on y préfère mille fois la mort à l'infamie. A la guerre le brigandage est honoré, & c'est une horreur pendant

la

la paix. La Piratérie est un métier pour des Nations entières, qui sacrifient tout pour y réüssir; & ce n'est pas leur faute. Pendant la guerre nous avons aussi nos Armateurs, tout civilisés que nous sommes, & les uns valent toujours bien les autres; puisque les Pirates sont toujours en guerre.

Mais malgré toutes ces différences-là, & d'autres infinies, qu'il seroit trop long de rapporter; l'esprit de toutes ces Loix est unique, uniforme, & constant, & n'agit que pour le bonheur de la Société telle qu'elle est parmi ce peuple particulier; à mesure des dispositions, des penchans, des habitudes, des convenances, & des circonstances du tems & du lieu, où les hommes se trouvent. En effet le même esprit qui agit dans le corps humain pour y produire la vie, la santé, & tant d'autres parfaites qualités; ne laisse pas d'y produire lui-même la maladie, & la mort, aussitôt que le corps sur lequel il agit, est corrompu, foible, & en désordre.

CHAPITRE II.

C'est cet unique Esprit qu'il faut chercher dans toutes les Loix; & c'est par lui seul qu'il les faut toutes interpréter, & combiner. C'est lui seul qui se fait connoître, aimer, & ce n'est que lui qui fait agir les hommes, pour accomplir la Loi: car comme chacun veut son bonheur, il est impossible qu'il n'aime & ne profite des

moyens

moyens qu'on lui propose pour l'obtenir, &
qu'il connoît avantageux pour cela. Tout aussitôt qu'on comprend que la Loi produit nôtre
bonheur, on ne sauroit se passer de l'aimer, &
de l'accomplir autant qu'il dépend de nous. A
la vérité on n'attrappe pas aussitôt cette connoissance, & il ne faut pas se fier à l'avis de chaque
particulier sur une affaire aussi importante que
celle-ci; comme je crois l'avoir démontré dans
la prémière partie: mais toutes les fois qu'on se
prend sérieusement à cette connoissance, on ne
sauroit la manquer, ni se tromper, moyennant
les considérations suivantes.

I. Une Loi n'obligeroit point en France, si
elle y étoit publiée en vieux Gaulois, que les
François d'aujourdhui ne sont plus censés d'entendre. Ainsi est-il manifeste qu'à moins d'être
intelligible, elle n'est plus Loi. Elle l'est encore moins, si elle attaque la vie, les biens, &
l'honneur des hommes, puisque personne au
monde ne sauroit s'obliger à s'ôter la vie, les
biens, & l'honneur, ni à faire la moindre démarche contre soi-même: à moins que ce ne fût
dans l'intention de se les préserver. On hazarde
quelquefois une partie, pour sauver le tout : &
on doit bien sacrifier des plaisirs, & des avantages passagers, & superficiels, pour s'assurer
des Biens réels & durables. Il faut bien aussi
que la Loi n'exige rien au-dessus des forces du
peuple, & des moyens dont il est pourvû pour
l'accomplir, car on ne sauroit obliger personne
à l'impossible.

De

De ces considérations-là, il en doit bien dériver, que toute Loi qui n'est pas intelligible, aimable, & proportionnée aux forces des hommes,
n'est plus Loi pour eux. Que par la même raison,
une Loi Arabe est bien pour l'Arabie ; une Tur-
que pour la Turquie ; une Siamoise & Japonoise,
pour le Siam & le Japon ; & non pas pour la
France, pour l'Europe, & pour des Chrétiens.
Une Loi aussi peut être telle en Allemagne, &
non pas en France, ni en Russie. La différente
forme des Gouvernemens politiques, exclut réciproquement bien des Loix particulières. Enfin
une Loi pour des Montagnards forts & robustes,
ne seroit plus Loi assurément pour des peuples
délicats, foibles, ou malades. La Loi pour des
enfans ne sauroit être la Loi des hommes faits,
Tout cela est de la dernière évidence.

II. Il faut bien prendre garde seulement, que
le sentiment soit général, car il ne faut pas
s'arrêter au particulier. C'est l'Esprit des Loix
qui le veut ainsi : et il n'a pas tort. Cet Esprit
suprème & unique, ne vise proprement qu'au
bonheur commun & général des hommes ; & ne
descend qu'à particulariser ses soins à chaque individu, qu'autant qu'il entre à composer la totalité. C'est pourquoi il ne cesse d'agir, pour
pousser chaque particulier à occuper sa place, &
à remplir son office : & pour exclure en même
tems les parties inutiles, corrompues, & contagieuses, s'il ne peut les guérir. Il ne se donne
point de relache, qu'il ne les ait séparées & dé-
truites, pour mettre le reste en sureté.

On

On ne fauroit avoir la moindre idée du corps humain, ni quelque principe de Mécanique, fans comprendre parfaitement tout cela. Le Bien & le Mal qui fait à notre fujet, n'eft pas fimplement idéel, il doit être fenfible & même très fenfible : de forte que c'eft le fentiment général qui en décide; & qui fe fait remarquer par le plus grand nombre, qui tôt ou tard en impofe toujours. Sur quoi il faut ajoûter, que fi le grand nombre même tomboit malade, il faudroit encore pour lors s'en rapporter à lui, & tâcher petit à petit de le ramener, fans lui rompre en vifière. Par la force ouverte, on vient rarement à bout de rien avec le grand nombre : & tout auffitôt qu'une Loi rébute un peuple, qui n'en comprend pas la juftice & l'utilité, il faut convenir avec lui; & la douceur & le tems, ne manque jamais de la lui faire goûter & accomplir, s'il eft fourni de force, & des moyens pour cela.

S'il n'y a de gaté dans une Machine, que quelques parties, on peut bien, & on doit même les ôter auffitôt, & les remplacer par d'autres nouvelles & parfaites : mais fi la corruption a gagné la plûpart des parties, les principales, & les grands refforts, il ne refte plus qu'à refondre toute la machine entière, fans épargner le refte qui tout bon qu'il feroit, eft déjà inutile, & prêt indifpenfablement à fe perdre auffi. Que s'il n'eft pas permis de la refondre, on n'a qu'à temporifer, & ne pas hâter du moins fa totale ruine, & fa dernière deftruction, comme il n' arrive que trop, lorfqu'on s'y prend par la rigueur.

gueur. La rigueur n'eſt utile que pour les particuliers, afin d'arrêter la corruption générale. Une fois qu'elle a gagné le deſſus, il ne reſte plus que la douceur, & l'adreſſe. Voilà ce que l'Eſprit des Loix nous apprend.

III. Puisque les hommes changent, les loix doivent changer auſſi. Dès qu'on tombe malade, il faut changer de régime; & ſelon les différentes maladies, uſer de différens remedes. Peu à peu on gagne des inclinations, des penchans, des habitudes, & des goûts différens; il faut donc changer de règle & de régime de la même manière, pour traiter les hommes, & les conduire dans un état de ſanté, ſi non de perfection permanente. Pour lors la néceſſité ou la convenance des prémierès Loix ceſſe. Elles deviennent inutiles, & font place aux ſecondes, qui changeront auſſi, puisque les hommes changent. Mais tous ces changemens ſucceſſifs, ne ſauroient avoir d'autre objet, que leur bonheur; & c'eſt bien pour cela, qu'elles changent. Le changement des Loix eſt donc auſſi naturel, que le changement de nouriture ſelon les âges, les climats, & les maladies: & que le changement d'habits ſelon la ſaiſon, les païs, & la mode. Les anciens vieilliſſent & deviennent incommodes, & quelquefois dangereux: mais cependant on ne ſauroit ſe paſſer d'habits & de nouriture; & le changement qu'on en fait, n'a d'autre objet que de nous conſerver la vie, nous procurer des plaiſirs, & nous défendre des injures de l'air, du feu, &c.

CHA.

CHAPITRE III.

Il ne faut pas confondre les règlemens, & les ordonnances, & statuts particuliers, avec la Loi. Cet équivoque est fort commun, & c'est ce qui fait l'apparence des contradictions incessantes des Loix, & de leur inutilité lorsqu'elles vieillissent. A proprement dire, ce qui est Loi ne change jamais : & c'est l'esprit des Loix qui est toujours le même, quoique le corps change successivement. Cet Esprit ne sauroit désister un moment de vouloir le bonheur des hommes, & de le procurer de toutes les façons imaginables, & par toutes les combinaisons, qui pourroient se présenter. C'est tout comme l'Ame dans le corps composé de plusieurs membres, pour les offices différens auxquels ils sont destinés; qui quelquefois paroissent agir les uns contre les autres, & cependant, c'est cette contrenitence, qui fait subsister, & agir la machine.

Dans le fond on ne sauroit dire qu'aucune Loi particulière eût une bonté intrinsèque, car c'est toujours un gêne, un frein, & un fardeau imposant sur les hommes ; d'autant plus qu'elle suppose toujours l'infirmité, & la foiblesse de la nature humaine, qui n'est rien moins qu'un objet charmant. C'est ainsi que la saignée & les remedes ne sont bons que relativement aux maladies, & sont des maux à les considérer pour les hommes en bonne santé. Cependant il les faut appliquer, & on n'a de salut que par eux, & c'est ce qui les fait appeller bons, puisqu'ils sont néces-
faires,

faires, pour produire des bons effets. Au contraire l'Esprit des Loix est d'une bonté intrinseque &
parfaite; & toutes les Loix particulières ne sauroient être bonnes, qu'autant qu'il les anime.

*Cette vérité n'est pas l'éponge de toutes les dif-
ficultés qu'on peut faire sur les Loix de Moyse:*
mais sur toutes les difficultés infinies, qu'on peut
faire sur toutes les Loix du monde. Pourquoi
Mr. de M^{on}. ne parle-t-il de cette éponge, que
pour les Loix de Moyse? Si vous n'étes pas bien
au fait de l'humanité, vous trouverez des difficultés par tout: & si vous avez une juste idée de la
Divinité, vous n'en sauriez trouver aucune dans
les Loix de Moyse; aussitôt que le peuple Juif
vous soit connu d'origine, & que vous n'ignoriez
pas le siècle du monde où il a reçu des Loix, le
païs d'où il sortoit, & celui où il alloit s'établir.

La Loi la plus simple & la plus générale est
toujours la meilleure. C'est celle qui représente
mieux son Esprit. Il n'y a rien de tel, que d'aimer Dieu de toutes ses forces, son prochain comme soi-même, & rompre commerce avec les mal-
honnêtes gens, sans leur refuser les sécours naturels, dont ils ne pourroient se passer. Voilà
tout, & il n'y a rien davantage dans la Loi de
l'Evangile. Mais comme on y prévoit bien des
violations accidentelles & fréquentes, presque
indispensables à la foiblesse humaine: on annonce aux fidèles un Médiateur suprème, une victi-
me unique, qui efface toutes les violations; qui
reconcilie les transgresseurs, & leur donne les
sécours convenables par la foi, l'espérance, & la
charité, pour finir du moins à la mort, leurs

K   trans-

transgreſſions, leurs foibleſſes, leurs craintes, & les préparer à un bonheur éternel. Qu'on propoſe aux hommes tels qu'ils ſont, quelque choſe de meilleur, s'il eſt poſſible? Voilà le véritable eſprit, le modèle, & l'exemplaire des Loix.

Ne me demandez pas après tout cela, ce que c'eſt que l'Eſprit des Loix. Je crois bien le connoître : mais je n'oſe le dire, que par reſſemblance. C'eſt juſtement ce que c'eſt que l'Eſprit des Lettres Per-ſannes, qui ont ſi fort charmé l'Europe, & qui en ont fait débiter tant d'exemplaires. Vous atten-diez-vous à quelque choſe de ſi poſitif & qui qua-dre mieux au ſujet? Demandez donc à l'Illuſtre Préſident de Monteſquiou, ce qui c'eſt que l'Eſprit des Lettres Perſannes, où il loge, & comment il a ſi fort brillé dans cette prémière production. C'eſt lui-même qui vous donnera une réponſe ſatisfai-ſante, par le même Eſprit, ſans que je choque cer-taines préventions, qui ſont de la mode des ſçavans.

Pour moi je ſai bien que l'Eſprit d'un ouvrage eſt le même qui anime ſon Auteur. Je crois même avoir inſinué, & peut-être démontré pour quel-qu'un, que la Loi eſt originellement, & eſſentiel-lement l'idée & le deſſein de la Nature, & de l'hu-manité, qui ſont l'ouvrage d'un Auteur. C'eſt donc dans cet Auteur ſuprême que ſe trouve in-failliblement l'eſprit des Loix. C'eſt là que je le cherche ſur les traces qu'il a marqué lui-même dans ſes productions, & qu'il a réimprimé de tems en tems, pour reſiſter à la foibleſſe de la matière, aux injures du tems, & à la malice des méchans.

F I N.

ESSAIS

ESSAIS

SUR

L'ORIGINE NATURELLE

DES

GOUVERNEMENS

POLITIQUES

PAR

LE COMTE J. DE CATANEO.

PRÉFACE

Je n'ignore pas tous les efforts, que les plus grands génies ont fait depuis un siècle, pour tracer une forme naturelle de Gouvernement politique parmi les hommes, & la déduire du fond de la Nature générale du Genre humain. C'est probablement ma faute: mais j'ai toute la peine du monde, de comprendre leurs raisonnemens, & de convenir avec eux sur cet important article. Je n'ai pas moins été surpris de ce qu'on en dit dans *l'Esprit des Loix*, & particulièrement, lorsque son illustre Auteur prétend prouver, que le principe agissant, & le principal ressort des Republiques est la vertu; des Monarchies, c'est le Point d'honneur; & la Force, du Despotisme. Je n'en saurois tomber d'accord: mais qui suis-je moi, pour léver le bouclier, contre des auteurs aussi respectables; & pour hazarder des pensées, qui ne sauroient être nouvelles, que par rapport à l'enchainement, & à la disposition que je leur ai donné? J'en conviens par

avance;

avance; & c'eſt cela même qui me donne
le courage de les produire, ſoit par reconnoiſſance envers les ſources d'où elles découlent; ſoit pour faire honneur à la liberté du Genre humain, & au droit dés
perſonnes d'étude.

Je n'ai garde d'attaquer les raiſonnemens de Mr. de M**. Cela me méneroit
trop loin; & j'éviterai toujours de faire
l'Analyſe des trois formes du Gouvernement politique, pour prouver que la vertu
& la force entrent également par tout: car
pour le prétendu point d'honneur, je ne
ſai ce que c'eſt, ſi ce n'eſt pas une vertu,
ou un vice. Je me contenterai de faire
le rapport de ce que j'ai penſé ſur le Gouvernement naturel parmi les hommes, pour
le bien-être de la Société néceſſaire à leur
bonheur; ſans conteſter, ni prétendre qu'on
reſpectera les mépriſes, qui pourroient
bien m'être échappés, comme cela n'arrive que trop à tout le monde.

ESSAIS

SUR

L'ORIGINE NATURELLE

DES GOUVERNEMENS

POLITIQUES.

CHAPITRE I.

LA crainte, qu'on taché d'élever fur le trone, comme le principe originel de toutes les sociétés, m'a parû toujours fi éloigné de la vérité, & du bon fens, que je n'ai pû m'empécher de l'attaquer dans plufieurs endroits de mes ouvrages. Fort longtems auparavant que les hommes puffent fe craindre les uns les autres, & difputer pour la poffeffion des biens; un penchant naturel, & une habitude familière, les portoit à s'unir entr'eux; & mille indifpenfables befoins, auxquels un folitaire ne peut jamais fuffire, quelque adreffe dont il foit pour-

K 4

vû,

vû, devoient les lier enfemble ;   & mille plai-
firs auxquels nous fommes naturellement portés, devoient ferrer les nœuds de la fociété,
fans laquelle on ne fauroit parvenir, à quelque
bonheur.   Ce fait inconteftable a de tout tems
précedé la crainte, & les frayeurs qui ont fuc-
cedé à l'envie, à la jaloufie, & à la rage de
s'enlever les biens naturels ; Et même malgré
tous les maux, que les hommes corrompus ont
gliflé dans la fociété, elle faut encore mille fois
mieux, que s'il étoit poffible de l'abolir.

Ferions-nous le tort au bon fens naturel, de
vouloir lui prouver en détail, ce qu'il avoue
lui-même en gros à tout moment ?   Quel eft
l'enfant qui naifle avec des inclinations de haine contre fes femblables, ou de crainte contre
les plus forts que lui ?   Peut-on fe refufer
aux témoignages de l'amitié, & de l'amour naturel, qui éclate dans la plus tendre juneffe ?
Il lui faut bien des rudes expériences, pour la
porter à craindre quelque chofe.   L'éducation
même a beaucoup de peine à rendre les enfans
circonfpects.   Ce feroit une véritable chicanne,
que de foûtenir le contraire.   La crainte ne
fauroit que fuivre l'amour.

Des hommes nés comme des champignons
dans les forêts, d'où la faim, & cent autres
befoins, les auroient chaflés, comme des bêtes
feroces, ce font des imaginations creufes, non
feulement deftituées d'autorité, & de vraifem-
blance : mais convaincues de faufleté par l'hiftoire, & par toutes les expériences de nos jours,
ainfi

ainfi que je l'ai bien démontré ailleurs. Je dis l'expérience, car tous les contes qu'on nous fait de quelque figure aprochante de l'humaine, tirée des foréts, qui grimpoit comme le finges fur les arbres, ont affez fait connoître l'impof-fibilité de l'aprivoifer, de lui apprendre un langage, & de la reformer fur le modèle d'une véritable humanité. On en a dit de même de certains fauvages ifolés des coins les plus ré-culés de la Terre. Toutes ces hiftoriettes fi chéries de certains auteurs modernes, ne les ont pas cependant détrompés encore de la pré-tendue origine forétiere du genre humain.

Ce n'eft pas non plus, pour s'affurer la jufte poffeffion, & la diftribution de la vie, de l'hon-neur, & des biens, que la Société fe feroit ori-ginellement introduite parmi les mortels. Cela eft évidemment faux: car point de vie, point d'honneur, point de biens, fans la fociété; & presque point de raifonnement complet. Un homme fauvage, auroit-il jamais imaginé, que la fociété pourroit lui être fi utile & néceffaire, fans l'avoir appris par l'expérience? De quel front ofe-t-on dire, que de miférables créatu-res forties des plus fombres foréts, fans réfentir d'autres réforts que la peur, qui fait fuir fes femblables, auroit compris & concurrû à éta-blir des fociétés? C'eft trop abufer des termes, & en impofer aux fimples, que de commencer par là. Depuis tous les fiècles, dit-on, les hommes ne font que des bêtes, & cependant on leur attribue, ce qu'aucune autre efpèce

K 5   d'ani-

d'animaux, n'a jamais fait. Quelle contradiction ?

Le grand objet de s'assurer la possession tranquille de la vie, de l'honneur, & des biens, ne
vient qu'après les avoir obtenus, & en avoir
goûté la douceur; ce qui ne sauroit dériver,
que de la société même. C'est d'elle uniquement, qu'on obtient la vie, l'honneur, & les
biens; & c'en est son principal but. Cela est
si constant & incontestable, que bien des Sociétés se sont soutenues assez longtems, & se
soutiennent encore, sans que les peuples fussent
fort assurés de la possession tranquille de tout
ce qui leur appartient; pourvû que généralement leur société les pourvût généreusement
des moyens sûrs, aisés, & durables, de se procurer toute sorte de biens, & de plaisirs. N'est-
ce pas ce qu'on voit aujourd'hui parmi le Despotisme Turc, & presque dans tout l'Orient,
où la vie, l'honneur, & les biens dépendent
du caprice du Sultan, & des Bachas, comme
ceux-ci dépendent de la fureur populaire? La
société n'en subsiste pas moins parmi eux, qu'au
milieu de la Republique la mieux policée. En
effet les hommes ne risquent-ils pas généralement, leurs biens, & leur vie même, pour leurs
plaisirs, & leurs avantages; & pour en jouir à
leur aise? Ils sont assez instruits des casualités
auxquelles toute sorte de bien est inévitablement sujet, pour fonder sur une possession infaillible. Ce qui les flatte le plus, c'est de les
obtenir à bon compte & d'en profiter tant qu'ils

peu-

peuvent. Peut-être même que généralement l'avarice, n'a d'autre prétexte que les casualités auxquelles tous les biens sont sujets: c'est pourquoi on en cherche de tout côté, pour que les uns au moins restent, si les autres se perdent. Le principal objet de la société, c'est donc d'obtenir les biens, & les plaisirs, quoique passagers: & c'est à cela qu'aucune crainte préalable, ne sauroit avoir part. Je suis fort étonné que tant d'illustres & sérieux Jurisconsultes, & Philosophes, n'ayent que peu ou point réfléchi là-dessus.

Les meilleurs Politiques mêmes ont très souvent échoué contre cet écueil. Un Legislateur qui ne s'est occupé, qu'à fixer la conservation tranquille des biens de son peuple, n'est venu à bout de rien, s'il ne l'a auparavant fourni des moyens convenables pour s'en pourvoir, & pour en jouir, par les arts, & par le commerce, selon que la situation du païs le peut permettre. Que conserveroit-on, quand on manqueroit de tout? Aussitôt que la famille se multiplie, la question n'est pas de juger des Procès, & d'infliger des peines: c'est d'avoir de quoi vivre, & de quoi fournir à tous ses besoins, aussi-bien qu'à tous ses plaisirs. Personne ne se trouve pas fort accablé d'avoir des procès, pour avoir des grands biens, & jouir d'une infinité de plaisirs. Il vaut encore mieux avoir l'un & l'autre, que de manquer de tous les deux.

La

La prémière chofe dont il eft queftion dans la fociété, c'eft de cultiver la terre, de nourir du bétail, de travailler à toute forte de draps, & d'avoir quelque forte d'Architecture. C'eft là le principal objet de la fociété, où la crainte ne peut rien influer. Or pour labourer la terre, il faut la fouiller auparavant, pour en tirer le fer, le travailler dans la forge, & en former les inftrumens néceffaires, pour réduire le bois même en charrues, en brouettes, & conftruire cent autres machines, fans lesquelles on ne fauroit obtenir ce qui eft néceffaire pour foutenir la vie, & la rendre heureufe. Car la vie & tout ce qui en dépend, n'eft rien auffitôt que le plaifir manque. Elle devient même à charge dans la mifère, dans la douleur, & dans l'ennui. La rejouiffance eft aux hommes auffi naturelle, que la vie même, & ne dépend aucunement de la peur. Y eut-il quelqu'un au monde, porté à fe divertir, & à fe rejouir, par la crainte? Cette chaine infinie de fciences, d'arts, de manufactures, & d'ouvriers, qui fait effentiellement le foutien & le bonheur de la fociété, quelque chicanne éternelle qu'on ofe faire, n'a aucun rapport avec la peur de Mr. Hobbes.

CHAPITRE II.

Cependant je puis sans les nommer, dire que plusieurs grands génies, qui ont brillé quelque tems, par les productions hardies de leur esprit, ne se sont pas donné la peine d'examiner le faux principe, sur lequel ils ont bâti leurs Systémes. Le terrein de l'humanité, originellement très solide & fort, à bien changé dans la suite, par les accidens qui lui sont survenus. Il est devenu marecageux, où il faut des bons pilotis pour y élever un édifice qui subsiste. Il faut fouiller jusqu'au roc, & ne pas se laisser emporter au gré d'un raisonnement vague, & léger. L'édifice peut être imaginé selon les règles, & les proportions plus justes & plus belles de l'Architecture. Les ouvriers peuvent être très habiles : mais à quoi bon tout cela, si le fond manque? La ruine en sera plus grande, & plus déplorable.

La foiblesse du raisonnement humain, paroît d'abord à l'abus général qu'on fait de son activité, en franchissant presque toujours les bornes, qui lui sont naturels, de quelque côté qu'on le pousse. Du moment qu'il se met en train de reconnoître sa propre suffisance, le voilà s'ériger en magistrature pour décider de tout, avec un empire absolû; & rejetter arbitrairement tout ce qui se trouve hors de la sphère de sa capacité. Mais comme il rencontre

tre trop fouvent des obftacles, qui l'arrétent;
& qui lui reprochent fa mediocrité; il regimbe,
& tombe avec les Pyrroniens dans l'excès op-
pofé, renonçant même à fa propre nature, pour
fe confondre avec les brûtes. Un véritable
fond d'orgueil le pouffe à la dernière lâcheté:
& il refufe avec obftination, de fe prêter aux
connoiffances plus claires & palpables, qu'on
lui fournit. Il en vient jusqu'à mentir l'évidence des chofes, fur lesquelles il lui faut inceffamment fonder, malgré qu'il en ait.

Ce font là deux extrémités oppofées, qui forment deux partis irréconciliables dans le païs
des favans, & qui ne font pas moins éloignés
de la vérité, les uns, que les autres. Tout eft
poffible aux uns. Rien n'eft poffible aux autres. Ils ne fauroient convenir qu'il y ait du
poffible, & de l'impoffible; & cela même par
différens degrés, felon que l'efprit humain a
plus ou moins de culture. On n'auroit pas
grand tort de regarder l'Entendement humain,
comme l'élafticité d'un reffort, qui ne viendroit
jamais degagé pour déploier fa force, tandis
qu'il n'eft pas cultivé. Ce feroit comme un
rien, quant aux effets; quoiqu'il fut véritablement quelque chofe, quant à la puiffance.

Le raifonnement ne vient qu'après. Car,
qu'eft-ce que la Raifon; fi non une vérité ma-
nifeftative d'une autre, par les rapports & les
combinaifons, qu'elle développe? C'eft pourquoi, il ne fauroit y avoir de Raifon au monde, fans des vérités préalablement connues, &
dont

dont on foit entièrement convaincû. On a
beau imaginer de petits enfans, élevés dans les
bois, & privés de toute éducation, pour leur
prêter des raifonnemens, que le poëte forge
dans fon cabinet, pour donner apparence à fes
préjugés particuliers. On aura moins de peine
à prouver qu'un petit chien raifonne, élevé
parmi les hommes; qu'un enfant raifonne, élevé
parmi les bêtes.

Auffi - bien voyons - nous, que la mort, les
mésalliances, les disgraces, & les crimes des
peres, jettent dans la honte, & dans la miferc
leur pofterité; & que faute d'éducation leurs
enfans reftent groffiers, vicieux, ignorans; &
peu à peu, dégénerent de façon, qu'ils perdent
les traces même de toute politefle, de toute
vertu, & presque de l'humanité. C'eft là l'unique & palpable raifon de la totale corruption
des peuples, & des Nations entières, qui fe
font brutalifées au point de revoquer en doute
s'ils ne font plus de 'la même efpèce. Pourquoi chercherions - nous d'autres raifons, aprè
ce que nous voyons tous les jours arriver parmi
nous, malgré nos fociétés fi bien policées?
Combien ne voyons - nous pas de familles, fe
défigurer même dans le corps, dans le langage,
& dépérir peu à peu, par les défauts, & maladies héritées de leurs peres? L'invafion des barbares n'a - t - elle pas réüffi à barbarifer plus
d'une fois, le monde entier?

Enfin eft - il poffible, qu'il y ait encore des
Philofophes au monde, qui puiffent ignorer,
que

que l'Entendement humain n'eſt qu'une inceſ-
ſante activité pour comprendre & recevoir ce
qui eſt intelligibile, dans tous les objets, dès
qu'ils ſe préſentent à lui ? C'eſt à peu près
comme une cire molle, capable de recevoir
toute ſorte d'empreinte, qu'on veut faire ſur
elle; & dont la dernière reſte toujours, tandis
qu'elle ne ſoit effacée par une autre. L'unique
différence qu'il faut remarquer à préſent, c'eſt
que l'Entendement humain eſt capable d'apprendre à combiner enſemble, les différentes no-
tions qu'on lui fournit; ſans cependant pouvoir
jamais rien produire de ſoi-même.

Les idées que les Platoniciens ſuppoſent innées, ſont, ſelon leur doctrine, appriſes des
ames là-haut, long-tems avant d'être reléguées
dans les corps: mais en conſidérant la nature
de l'eſprit humain, Platon à fort bien connu,
qu'il n'eſt qu'un ſimple & nud principe actif:
& il paroît qu'à l'action près, c'eſt la *Tabula
raſa* d'Ariſtote. N'eſt-ce pas inſinuer préciſement, qu'il n'a rien de lui-même; & que tout
ce qu'il a, ou qu'il paroît avoir, lui vient, &
lui doit venir d'ailleurs?

En effet d'abord qu'on preſſe les ſavans là-
deſſus; il faut bien qu'ils tombent d'accord,
que tout homme doit immédiatement recevoir
des autres un amas de connoiſſances, & de principes: & même apprendre d'eux la manière de
les combiner, & de les rapporter enſemble, ce
qui s'appelle raiſonner deſſus. De ſorte que
chez nous, tout eſt tradition. Qu'on ſe dé-
batte

batte tant qu'on voudra, c'eſt là qu'il en faut toujours revenir, comme on le voit dans toutes les ſciences & dans tous les arts.

Or s'il y eut un prémier homme de la même nature, qu'il a transmiſe aux autres : comme celui-là n'auroit rien pû apprendre par tradition, puisqu'aucun autre ne l'a précedé : il faut donner la tête contre la muraille, pour ne pas avouër, qu'il doit avoir tout reçû par Revélation, pour devenir la ſource naturelle, & néceſſaire de la tradition envers ſes enfans, d'où eſt ſorti tout le genre humain.

Comme nous n'avons qu'un ſeul Livre, où il ſoit parlé de l'origine du monde; & que ce livre s'eſt concilié beaucoup d'eſtime, & de veneration parmi les plus honnêtes gens, pendant plus de trente ſept ſiècles; il peut'être permis d'y faire quelque attention. Auſſi-bien n'a-t-on eu jamais rien de raiſonnable à lui oppoſer, & voit-on que tous les ſavans font grand cas d'Herodote, de Diodore, de Tite Live, & de tant d'autres, malgré le merveilleux, où ils ont donné quelques fois.

Il y a d'autres ouvrages par lesquels on a devéloppé les marques certaines, d'un caractère bien ſupérieur, & bien plus reſpectable, qui éclate dans l'hiſtoire de Moyſe, que dans tout ce qu'on peut produire des autres auteurs connus : mais ce n'eſt pas le moment d'en repeter les preuves; pour ne pas dis-

L   continuer

continuer un raisonnement, dont la force dépend de la suite des propositions, qui se reciproquent leur clarté.

CHAPITRE III.

Mais s'il y a quelque chose, qui marque à un coin infaillible, l'extravagance de l'Esprit des hommes, c'est de trouver tant de graves Auteurs, qui ont donné dans la fausse idée du Genre humain, originellement répandu comme les bêtes, dans les bois, & par les campagnes, sans aucune société. Ils se sont même donné toutes les peines imaginables, pour attribuer à ces hommes farouches, une opposition à la sociabilité, qu'on n'osa vaincre, que par la terreur, ou par les amorces de quelques plaisirs, comme par les charmes d'Orphée.

Ne diroit-on pas, que ces Auteurs, auroient tout à fait oublié, que les hommes généralement par tout, naissent du mariage, dans des familles toujours associées ensemble : & que si par des hazards très rares, quelque couple d'hommes s'est allé cacher dans les bois, pour sauver sa vie : la misère a bientôt contraint ses descendans d'en sortir, & demander quartier au Genre humain ; qui n'a jamais refusé de les rémener à la société, & de les cultiver, par un droit que la Nature même impose ?

Est-il possible, qu'on n'ait pas d'abord aperçû l'égarement de ces Auteurs-là, & la fausseté
mani-

manifeste du fondement qu'ils posoient? Quand même ils n'auroient pas connu par la tradition, & par le consentement général, que tous les hommes ont leur source d'un seul pere, & qu'ils doivent avoir formé d'abord une famille toute seule, & quelque tems après une grande société: ce qui arrive présentement sur toute la terre, ne suffisoit-il pas, pour les rémener de leur égarement? Point du tout. Lorsqu'une fois la prévention s'est emparée de l'esprit; il n'y a pas même le témoignage des sens, qui soit capable de nous redresser.

C'est la nécessité manifeste de pourvoir à la subsistance des hommes infiniment multipliés, qui a donné lieu à leur séparation; pour défricher des nouvelles terres, & presser leurs riches & intarissables seins, afin d'en tirer la nouriture des différentes nations, qui ont peuplé le monde. Cependant elles se sont divisées toujours en grandes Sociétés, avec les sécours des sciences & des arts, appris de leurs progéniteurs. La vaste surface de la terre ne s'est pas peuplée autrement.

Ce qui paroît encore plus extraordinaire, dans l'imagination, qui a si fort flatté ces Auteurs, c'est qu'il n'y a pas la moindre trace, dans toute l'histoire, pas même dans les fictions poëtiques, d'aucune assemblée ni générale, ni particulière, pour convenir de la Religion, des loix, & des usages généralement établis chez les hommes. Les Poëtes tous unanimement, ont parlé du Genre humain, comme de la race des

 Dieux

Dieux mêmes : & ont soutenu par toute sorte d'inventions, que toutes les sciences & les arts, venoient aux hommes par Revélation immediate. Les historiens, qui vinrent après, n'ont pas parlé autrement, & n'ont changé quelques fois, que la Revélation, en tradition. Enfin le Philosophisme est venu, qui n'a point été d'un autre sentiment. Cependant parmi tant d'habiles gens, comme il y eut aussi des sectes qui forgèrent bien des sophismes, & des absurdités, on trouve parmi ces dernières, quelques traces des hommes répandus sur la terre, comme des bêtes. C'est là probablement, que quelque Jurisconsulte a puisé le creux fondement sur lequel il batit sa jurisprudence.

A la vérité il peut bien être arrivé, que les enfans rebelles à leurs parens, incommodes à leurs familles, & pernicieux à leurs sociétés, pour se mettre à couvert des châtimens qu'ils s'étoient attirés, se soyent échappés, & ayent cherché des asiles dans de rudes climats, & des païs où les bois, les montagnes, & les rivières, formoient une barrière naturelle. C'est par là, sans doute, que quelque étincelle d'humanité, s'est peu à peu obscurcie, & a presque éteint toute lumière de bon sens, & de vertu. Mais qu'est-ce que cela en comparaison de l'universalité du genre humain : qui a persisté incessámment, dans des sociétés nombreuses & policées, par une successive tradition ?

Peut-on ignorer que la Caldée, ancien berceau du monde, après le Deluge universel, est la

nou-

nouvelle pépinière, d'où sont sorties toutes les
nations, emportans avec elles les traditions, les
loix, & les coûtumes de leurs ancêtres ? Les
Scythes, les Indiens, les Egiptiens, & les Phé-
niciens, ont tiré de la Caldée toutes leurs connoissances, & leur police. C'est un fait histo-
rique dont on ne sauroit disconvenir. Les Phé-
niciens, & les Egiptiens, ont cultivé les Grecs;
& ceux-ci tout le reste de l'Europe.

Les traditions en passant de main en main,
ont souffert des alterations considérables, par
les préjugés des hommes, qui s'en emparèrent,
& s'en firent les dépositaires, & les promulga-
teurs. On courroit même risque, que les véritables fussent entlèrement effacées un jour:
mais le Pere, & l'Auteur des hommes, y avoit
pourvû depuis longtems. Il a trouvé bon de
choisir un peuple particulier; pour le faire le
dépositaire des véritables traditions; de le distinguer par une marque ineffaçable; & de le
faire briller aux yeux de toute la terre, comme
un favori de la Providence, auquel on pourroit toujours avoir recours, pour retrouver les
véritables traces de la Nature, de la Religion,
des Loix, & des Droits de l'humanité. C'est par
là, que la Tradition redigée par écrit, a été
tirée des mains prophanes & téméraires du raisonnement humain, qui flotte incessamment au
gré des passions, & des préjugés les plus affreux,
dès qu'il n'est pas borné, par une éducation salutaire, & par une autorité suprème, qui se
fasse sentir.

L 3

C'est

C'eſt ce que nous allons voir par le ſeul rapport hiſtorique de la création ; où l'on marque
auſſi la véritable origine de la dépravation générale, par laquelle le culte-même du prémier
Etre, & l'amour du prochain, devoit ſe confondre, & presque périr tout à fait, ſans le ſécours d'une nouvelle Revélation divine.

CHAPITRE IV.

Rien n'eſt plus ſimple & plus naturel, que ce
que le Créateur a fait, en formant l'homme, pour l'engager à l'honorer, & à l'aimer
au-deſſus de tout autre choſe ; & à aimer tendrement ſon prochain comme ſoi-même ; ce qui
eſt le grand bût de toute loi, & de toute juſtice.

Adam eſt créé d'abord tout ſeul, pour lui
faire ſentir le penchant naturel à la ſociété,
qu'aucun autre avantage au monde ne ſauroit
remplacer. Il eſt bientôt conſolé de ce prémier ennui, par une compagne tirée de ſon
propre corps, pour n'héſiter pas d'un moment
à s'attacher à elle. Tous les attraits, & tous
les charmes imaginables, mirent la dernière
main à l'œuvre; & l'homme apprit du prémier
moment à aimer ſon ſemblable comme ſoi-
même.

Tous les objets extérieurs, nòn obſtant la
nouveauté de la ſenſation, n'ont rien qui partage cet amour naiſſant ; & tout ce qu'ils préſentent

sentent d'agréable & délicieux, ne satisfait ces tendres époux, qu'autant qu'ils en goûtent ensemble. Dieu même s'y plait, & paroît ne pas disconvenir, qu'Adam prononce des tendresses à son Epouse, lorsqu'il ne paroît pas avoir rien dit encore, pour témoigner sa reconnoissance, & son culte, à son suprème Auteur. En effet n'est-il pas naturel de commencer par aimer nos semblables, pour s'élever ensemble à aimer Dieu? Aussi-bien est-ce Dieu même qu'on aime, dans tout ce qui est aimable : & rien ne manque pour lui rendre un culte naturellement parfait, lorsqu'on connoît d'aimer souverainement Dieu dans ses ouvrages.

Il n'y a rien, dans tout ce que Dieu venoit de créer, qui puisse présenter la moindre idée, ni exciter le moindre sentiment de haine, & de terreur. L'innocence n'est pas compatible avec cela. Dieu lui-même se présente toujours à Adam, avec une figure semblable à celle, qu'il venoit de lui donner. Il parle son propre langage, & ne paroît occupé, qu'à lui procurer toute sorte de biens, & de plaisirs. Après l'autorité qu'il lui donne sur toute la terre, le jardin delicieux où il le place, & l'admirable compagne par laquelle il comble son bonheur; pourroit-il encore manquer quelque chose de la part du Créateur, pour se faire aimer d'Adam, & par lui de toute la nature humaine?

Cependant il fait plus encore. Comme il n'ignore pas qu'il y a pour l'homme tout nouveau sur la terre, le danger, qu'il ne commence

mence

mence à se nourir par un fruit excellent, dont l'usage incomparable ne devoit se faire, qu'après avoir goûté du fruit de la vie ; il l'en avertit, par une tendresse paternelle, & daigne lui en marquer la raison ; car dit-il, ce seroit pour vous un poison mortel.

Cet avertissement apprend en même tems, à un esprit jaloux, l'unique moyen de se défaire des hommes : & sans balancer, il l'embrasse aussitôt, attaquant cette jeune fille, & lui faisant comprendre, qu'il étoit à part du secret de l'Eternel. C'est par là qu'il s'insinue, pour contredire l'arrêt Divin, & en démentir les funestes conséquences, glissant malicieusement quelque mot, pour faire prendre en mauvaise part, l'avertissement salutaire, que le Créateur venoit de lui donner.

La pauvre innocente qui ignore s'il y a d'autres figures dans le monde, qui parlent le langage de son époux, & qui n'est pas encore susceptible de crainte, n'ayant point d'idée, ni de sentiment d'aucun mal, & bien moins de la mort ; ne prend point d'ombrage de la conversation ; & flattée par les attraits du fruit défendu, elle le porte inconsidérément à la bouche, & en fait part à son mari, qui ne sauroit lui rien refuser & qui en mange avec elle.

Voilà le grand coup porté sur la nature humaine, malgré les soins du Créateur, pour se conserver le plus parfait des ouvrages de sa toute-puissance formé pour un bonheur éternel. Dans le moment, ces deux prémières créatures

sont

font averties de leur faute, par des friſſons intérieurs, qui pouſſent en même tems la rou-
geur au viſage, & leur donnent les prémières
ſenſations du froid, & de la honte.   Ils cher-
chent d'abord à ſe couvrir; & ce fut là, la prémière interruption du parfait amour, dans lequel ils avoient été placés, par leur création.

D'abord l'avertiſſement paternel du Créateur,
eſt regardé comme une ménace; & le dérangement intérieur, ne leur fait que trop appréhender des ſuites mortelles.   En faut-il davin-
tage, pour n'oſer plus ſoutenir la face de leur
Maître, qu'ils commencent à redouter alors,
comme un vengeur de leur crime? pour ne pas
reſſentir de l'averſion & de la haine, contre la
trahiſon du ſerpent ; & l'apréhenſion mortelle
de périr à tous momens, & de renoncer à tous
les biens, dont ils ne faiſoient que goûter? Le
retardement même à mourir, ne devoit-il pas
auſſi leur donner quelques eſpèrances, & les
faire douter un peu de l'effet des ménaces du
Tout-puiſſant ; ou bien leur perſuader que la
mort n'étoit autre choſe, que l'état où ils ſe
trouvoient ?   On voit bien que l'état malheureux où ils tombèrent d'abord, les pouſſa juſqu'à interrompre le parfait amour, qu'il y avoit
entre ces deux prémières créatures humaines;
puiſqu'Adam ne héſita pas de rejetter ſa faute,
ſur la compagne, *que Vous m'avez donné*, oſe-
t-il dire à Dieu.

Voilà donc tout d'un coup, l'amour & la
foi, ſi naturelles à l'homme s'affoiblir, ſe con-

L 5

fondre

fondre, & prétes à périr tout à fait, au prémier choc de la prémière épreuve. Le raisonnement humain auroit-il pû tirer Adam & Eve
de la feule incertitude de leur fort, fource fa-
tale des ténèbres, dont fut bientôt inondée
l'humanité ? Pouvoit-il déméler fi Dieu auroit
pardonné aux hommes, ou non ? s'il auroit repa-
ré leurs dommages, ou non ? s'ils alloient mourir, ou non ? Il ne faut que s'éloigner un moment de la foi, & de l'amour qui nous attachent à Dieu, pour tomber dans une obfcurité
fi déplorable.

C'eft Dieu tout feul, qui vient les tirer de la
trifte fituation, où ils fe trouvent, par une
nouvelle Revélation. Il apelle les coupables,
leur fait connoître, que leur malheur n'eft
venu, que de lui avoir manqué de foi, & d'
obéïflance. Il confirme lui-même d'abord la
haine, & l'inimitié, contre un ennemi, qui ne
feroit pas détruit fi tôt, & qui leur livreroit
bien des combats, avant que d'étre écrafé fous
leurs pieds. Mais en attendant il leur annonce une vie de peines, & de douleurs, qui
ne finiroit que par la mort, après laquelle on
leur ouvroit quelques efpèrances. Enfin on les
chaffe du jardin délicieux, & on les renvoye
travailler la terre, pour en tirer de quoi vivre,
& nourir leur poftérité.

Tout cela n'étoit encore, qu'une feconde
épreuve, & l'unique remede à leur faute: mais
les hommes n'en jugent pas ainfi; & le défectu-
eux raifonnement humain le fit regarder comme

me un châtiment, & une punition sevère. Nôs peres n'aimoient pas de mourir sans doute; mais ils n'auroient pas voulu non plus, mener une vie de travail, & de langueur. Tout le bien qu'on leur fait esperer, est fort éloigné; & tout le mal est présent. Quelle opposition, entre ce dernier état, & le prémier!

Je n'ose pas toucher à la funeste Tragédie, qui suivit bientôt après entre les deux prémiers freres; & qui mit le comble au renversement de l'amour & de la foi, chez les hommes. Le principe actif de l'amour naturel, n'osant plus se fier aux objets extérieurs, rentra dans soi-même, & tourna sur lui toute son activité; ce qui produisit ce qu'on apelle Amour propre. C'est là l'obstacle presque insurmontable à l'amour du prochain; & d'autant plus pernicieux, qu'il est souvent imperceptible; qu'il se déguise aisément; & qu'on en est presque toujours la dûpe.

CHAPITRE V.

Par ce détail abrégé, & tiré, je puis dire, mot à mot de la narration de Moyse; on comprend aussi clair que le jour, qu'on n'en pouvoit faire davantage pour des créatures intelligentes; que ce que le Créateur fit d'abord pour fixer la nature humaine, sur une base aussi solide, qu'on l'auroit pû imaginer, pour la rendre éternellement heureuse; en la faisant

vivre

vivre d'un parfait amour envers lui, & envers elle-même.

On ne voit pas moins, par quel hazard cet admirable ouvrage s'eſt ruiné tout d'un coup; & a précipité le Genre humain, dans les foibleſſes, les tenebres, et la furieuſe dépravation, qui furent les ſuites presque néceſſaires de la prémière erreur. C'eſt uniquement par la faute du raiſonnement humain, que tant de malheurs ont ſuivi de ſi près. Dès qu'il a une fois ſécoué le joug qu'il lui faut, & franchi les bornes de la Revélation divine; il n'y a plus d'écarts, de fougues, & de précipices, auxquels on ne doive s'attendre.

Pour s'en convaincre, on n'a qu'à conſidérer l'ignorance où ce fameux Raiſonnement tant vanté de nos jours, ſe trouve par rapport à Dieu, à ſon prochain, & jusqu'à l'Amour même, quoiqu'il lui ſoit inſéparablement attaché. Après cela, oſeroit-on avec quelque apparence, s'en rapporter à lui tout ſeul, ſur la Religion, & ſur les Droits des Princes?

Peu à peu la dépravation univerſelle, ayant éloigné des hommes en général, la préſence ſenſible de leur Créateur, & la Tradition perſiſtant conſtante, à ſoutenir l'exiſtence d'un prémier Etre éternel, Auteur de l'humanité: mais ſous les différens aſpects, dont nous avons fait mention ci-deſſus, c'eſt à dire : tantôt comme d'un bon Pere, tantôt comme d'un juge rigoureux: tantôt comme tout-puiſſant, & tantôt comme ſupportant le contraſte d'un eſprit

rebelle,

rebellé, & la ruine de son chef d'œuvre: le Raisonnement humain se mit d'abord en campagne, pour chercher, & forger mille extravagances, dans la resolution de combiner tout cela, selon les caprices, & les passions des hommes.

On n'a qu'à jetter les yeux sur l'ancienne idolatrie, & sur les différens cultes établis, même parmi les Nations les plus policées; pour comprendre du prémier coup d'œil, des abus effroiables de la droite raison, & du sens commun. Les Philosophes, qui vinrent après, ne furent pas non plus d'accord entr'eux; car les uns puisèrent à des bonnes sources: mais d'autres se livrant en proye à leurs raisonnemens, s'abandonnèrent après des chimères, quelquefois pires que l'idolatrie. Enfin lorsque toute l'humanité convenoit de l'existence d'un Dieu Tout-puissant éternel; presque tous les hommes disconvenoient de l'idée qu'on en devoit former, & du culte, qu'on devoit lui rendre.

Il ne furent pas moins dans une incessante contradiction, par rapport au Prochain; & la dispute a pris de si fortes racines, qu'on en voit bien de rejettons de nos jours. L'un, commence par dire, qu'il suffit d'être homme pour être prochain. L'autre, n'en connoît que dans sa Religion. D'autres enfin demandent la Nation, le païs, le langage, les liens du sang, de la famille, de l'amitié, & des bienfaits. En général, le prochain est celui de qui on se flatte de tirer quelque profit: & pour tout le reste

des

des hommes, c'est bien assez de leur donner quelquefois l'aumone.

Il y eut toujours parmi les hommes, des gens de bien, & religieux, des amis, des parens, des freres : aussi-bien que des scelerats, des impies, des ennemis, des traîtres, des ingrats, & des millions d'inconnus. Tous ces différens hommes n'ont pas les mêmes droits sur notre amour ; & on seroit également stupide, & injuste, de le refuser, ou de l'accorder à tous. Ce qui est encore plus embarrassant, c'est que les mêmes hommes passent souvent d'un caractère à l'autre ; & que d'autres ne changent jamais. On a beau recourir sur tout cela, au tribunal du raisonnement humain : on n'en fera pas plus avancé pour la théorie, qu'on l'est généralement pour la pratique.

Mais ce qu'il y a de plus extraordinaire, c'est ce que nous allons remarquer par rapport à l'amour, qui est un sentiment également partagé à tous les hommes, & dont leur raisonnement ne paroîtroit pas pouvoir abuser ; puisqu'il n'a, qu'à réfléchir sur soi-même. Or tout homme quand il aime, se plaît d'aimer ; & la satisfaction intérieure, où il se trouve alors, fixe d'abord sa pensée sur l'objet aimé ; & c'est par une telle réfléxion, qu'il découvre, ou qu'il lui attribue des nouvelles beautés, qui l'y attachent toujours davantage. Toute autre pensée l'ennuïe, & le rebute. On ne s'y soumet qu'avec peine, & rien ne nous est plus ravissant, que de s'entretenir avec ce qu'on aime,

&

& de parler à d'autres de lui. Sans cela toute conversation languit, & on y préfére la solitude, où malgré la rigueur des loix Dramatiques, les soliloques n'arrivent que trop naturellement.

Ce n'est pas tout. On n'a de satisfaction, qu'à faire ce qui plaît à ce qu'on aime ; & on ne croit jamais l'estimer & l'honorer assez. On tâche de porter les autres à en faire de même ; & qui n'y consent pas, ne sauroit être de nos amis. Quiconque fait le contraire, est notre ennemi déclaré. Que si par hazard on a le malheur de déplaire à l'objet aimé ; on ne cherche point d'excuses ; on avoue la dette ; & on n'oublie rien pour la satisfaire. C'est delà même qu'on prend occasion de redoubler les marques de tendresse, & de les porter quelquefois à des excès extraordinaires. Enfin on ne craint rien tant, que de déplaire à ce qu'on aime ; & on apréhende sur tout, de n'en être pas aimé.

Voilà sans le secours des Poëtes & des Philosophes, ce que c'est qu'aimer, parmi les hommes ; & peut-être n'y en a-t-il pas beaucoup, qui n'ayent été quelquefois dans le même cas. Cependant si l'on demande aux hommes en gégéral, ce que c'est qu'aimer, on a mille sottes réponses à s'attendre. Le plus grand nombre est persuadé, que ce n'est que l'action animale, qui regarde la génération. D'autres que c'est, ne pas faire du mal. D'autres que c'est faire quelque bien, des politesses, & des honneurs.

D'au-

D'autres enfin, que c'eſt flatter les uns, careſſer les autres, mentir & faire même des baſſeſſes, pour leur faire plaiſir, pour gagner leurs bon‑ nes graces, & nous attirer quelque bienfait. En un mot, on répond presque toujours, qu' aimer les autres, c'eſt nous aimer nous mêmes. Chaqu'un avoue, qu'on n'aime pas ſa femme, comme ſon prochain; ni ſon prochain, comme ſon Dieu : mais on eſt fort embarraſſé de nous en marquer préciſement la différence.

CHAPITRE VI.

Il n'eſt pas à préſumer qu'après avoir fait quel‑ que réfléxion là-deſſus, il puiſſe tomber dans l'eſprit d'un homme qui a le ſens commun, de faire quelque fond ſur le raiſonnement humain, pour décider tout ſeul de la Religion, & des Droits des Monarques. Tout le monde tombe d'accord, que le culte de Dieu, & l'amour du prochain, ſont le fondement ſolide, & unique de toute loi, & de toute juſtice : & cependant il paroît par tout ce que nous avons remarqué, que ce fondement, eſt tout à fait creux & chancellant, ſi on l'abandonne au raiſonnement humain, et aux idées frivoles qu'il ſe forge de la Nature, d'abord qu'il s'émancipe de la Re‑ vélation divine, & de la Tradition naturelle.

Sans cette ſuprème loi, on radottera tou‑ jours ſur les Droits des Princes, tout comme

on

on fit fur le mariage, et fur tous les autres devoirs de l'humanité. Platon, ce grand Philo-
fophe, après même avoir puifé à quelque bonne
fource, n'a pas laiffé de donner dans l'extravagance de faire les femmes communes dans fa
Republique. Licurgue en a fait presque de
même dans la fienne, & renverfé tout à fait les
idées d'une jufte pudeur parmi les filles. Minos
en Crète, qui les a précédé, avoit imaginé la
communauté des enfans, & renverfé les droits
& la tendreffe naturelle des parens. Voilà les
fruits fauvages de cet arbre tant vanté, dès
qu'il n'eft pas cultivé par la Revélation : car
tous ces gens-là ne manquoient pas de raifonnemens plaufibles, pour juftifier leurs loix.

Il n'en coûteroit pas beaucoup, pour faire
des remarques à peu près femblables fur bien
d'autres Articles; & prouver, *qu'en confidérant
l'homme ou comme créé de Dieu; ou comme
doué par fon Créateur de certaines facultés tant
de corps, que de l'ame, desquelles l'effet eft
fort différent felon l'ufage qu'il en fera, ou enfin comme porté & néceffité même par fa condition naturelle, à vivre en fociété avec fes femblables;* fi toutes ces trois relations font aban-
données entre les mains du raifonnement de
chaque particulier; il y aura presque toujours,
quot capita tot fententiæ. Que fi fur cela on
fe doit rapporter plûtôt aux uns, qu'aux autres, pour en décider, & y pofer des bornes
convenables; il faut toujours en revenir à quelqu'autre tribunal d'autorité, & capable d'en

M

impofer

impofer par refpect, & veneration, au fimple raifonnement particulier.   Celui-ci, dès qu'il s'abandonne à lui-même, fe perd néceffaire-ment dans le vafte océan où il flotte au gré des opinions, des paffions, des intérêts, & des pré-ventions humaines ; vents inftancables, & furi-eux, qui ne ceffent jamais de produire les ora-ges, & continuer la tempête.

C'eft pourquoi il ne fera pas hors d'œuvre, de marquer le plus en abrégé qu'il fera poffi-ble, l'inftitution naturelle des Gouvernemens politiques, fans aucune dépendance de l'inven-tion arbitraire : mais par une loi de néceffité, que le Créateur a bien voulu impofer, dès qu'il a préfcrit la forme de la génération, & de la multiplication des hommes.   L'Entende-ment humain eft deftiné à la connoître dès qu' on la lui propofe ; & le Raifonnement, à la rechercher dans une véritable tradition ; & à combiner enfemble les difpofitions, les évene-mens, & les conféquences, pour en juger fe-lon les principes de l'équité fuprème, qu'il doit avoir puifé dans la fource de la Revélation Divine.

Puisque tout le Genre humain eft dérivé d'un feul pere, qui obtint presque auffitôt la pri-mauté fur fa femme; il eft hors de doute qu'il a eu foin de fes enfans, & qu'il a pourvû à leur fubfiftance, & à leur éducation.   C'eft lui qui gouverna d'abord fa famille ; car fa com-pagne trop prévenue par le commandement im-mediat du Créateur, de lui refter foumife, ne

doit

doit pas avoir entrepris de le contrecarer si tôt. Cela n'est venu qu'après.

Le Gouvernement d'un seul, est ce que le Grecs ont apellé, *Monarchie* : & la force du mot n'en dit pas davantage, quoiqu'on ait voulu distinguer après le Gouvernement *Monarchique* du *Patriarchique*. Celui-ci, dit-on, n'étoit le Gouverneur de ses enfans, que parce qu'il étoit leur pere. Le Monarque, ne l'est pas naturellement de ses peuples. Mais puisque le Patriarche ne gouvernoit pas moins ses domestiques, & ses esclaves, quoiqu'ils ne fussent pas sortis de lui; la différence, ou distinction supposée, s'évanouit aussitôt d'elle même.

Pendant tout le tems qui précéda le Déluge universel, il n'y a aucune trace d'autre forme de Gouvernement, que le Patriarchique, pas même chez les enfans rebelles, descendus de Cain. Après la prémière catastrophe générale, Noé resta le seul pere, & nouvelle source du genre humain. Il eut trois enfans, & 16 petits fils, qui eurent chaqu'un une nombreuse postérité; & qui restèrent assemblés dans la pleine de Senaar, jusqu'à la cinquième génération, à laquelle ils se partagèrent, en conséquence de la confusion des langages.

Ce Phénomène prophétique marque admirablement bien, que du moment que les hommes prétendent convenir d'eux-mêmes, par une assemblée générale, pour prendre quelque resolution: il faut bien que les langues se confondent;

dent, & que les différentes opinions faſſent échouer l'entreprife. En effet depuis ce tems-là, on n'ofa plus rien entreprendre de pareil; & cela eſt devenu enfin également impoſſible, qu'il eſt extravagant & inutile. Le Conſeil même des fameux Amphictions en Grece, quoique d'une très petite province, n'eut jamais aucun bon fuccès, dans la fuite. C'eſt au Tout-puiſſant qui connoît ce qu'il a fait dans les hommes, ce qui leur convient, & qui les aime avec une tendreſſe, & une puiſſance paternelle, à leur marquer, & préfcire ce qu'il leur faut; & ce qui eſt poſſible, & avantageux parmi eux.

Comme Noé vecut 350 ans après le Déluge, & que felon le texte hebreux, dont je me défie beaucoup, la difperſion des hommes arriva 130 ans tout au plus après ce baptême univerfel; ce Patriarche auroit vû fes enfans fe partager 220 ans avant fa mort; & fon gouvernement déchiré tout d'un coup, fans en conferver que la moindre partie. Malgré l'improbabilité qu'il y a dans ce détail, & qui eſt parfaitement reparée par les Septantes : il eſt fort prudent, de ne point fonder fur un fait, où l'on veut queſtioner. Ainſi nous nous retrancherons fur ce qui arrive néceſſairement par la génération humaine, même de nos jours; ayant pofé une fois pour toutes, un prémier gouvernement Patriarchique, d'où nous verrons couler infailliblement, toutes les différentes formes de Gouvernement politique, qui fe font foutenues parmi les hommes. L'invention & le raifonnement humain

humain a bien voulu faire plusieurs expériences, qui ont toujours mal réüssi. Il a fallu enfin revenir à ce que le Créateur avoit indiqué par la nature.

CHAPITRE VII.

Posons d'abord qu'un Patriarche eût dix en-fans, dont chaqu'un en produisit autant, & toute la famille vint à se former de cent onze personnes toutes mariées, selon la loi naturelle. Chaqu'un de ces petits fils, supposons encore, eut dix enfans, de sorte que la famille s'aug-mentât jusqu'à mille cent onze personnes, tou-tes sorties du même unique pere, qui gouver-noit toujours en chef sa famille. Enfin ce n'é-tôit pas impossible, que de l'origine du monde, le même Pere pût voir encore tous ses arrières petits fils mariés, & procréer dix enfans cha-qu'un; en sorte que cette prémière famille de-vint sous ses yeux, nombreuse de onze mille cent onze personnes, & autant de femmes, ce qui revient à 22 mille ames; quoique le plus ou le moins dans le nombre, ne fasse rien à l'objet, que je me propose.

Il suffit de comprendre, que le prémier uni-que pere, devoit gouverner ses enfans, selon ses connoissances, & ses tendresses naturelles envers eux, & qu'on fait augmenter sans cesse en descendant. Je doute qu'on convienne d'a-

 bord

bord, que ce bon Patriarche eût fur tous fes arrières petits fils, la même autorité, qu'il avoit du commencement, & pendant leur jeuneſſe, fur fes propres enfans. Je ferois même porté à croire, qu'il partageoit volontiers le foin de tout ce menû peuple, avec ceux qui en étoient les peres immédiats. Il avoit fans doute befoin de leurs confeils, & de leurs perfonnes, pour fe repofer fur eux, presque de tous les foins, qui l'auroient accablé à fon grand âge. Mais qui oferoit revoquer en doute, qu'en agiſſant ainfi avec fes enfans, il y en eût plufieurs qui ofaſſent lui faire refiſtance, lorsqu'il trouvoit à propos d'ordonner quelque chofe par lui-même? Quand même on en auroit trouvé quelqu'un de rebelle, le refte auroit fuivi le refpeƈt, & la foumiſſion duës à leur commun pere, ce qui revient au même.

Enfin le bon Patriarche vient à mourir: & peut-être même auparavant fon grand âge, & fes infirmités, le firent retirer tout à fait des foins d'une fi nombreufe famille. Quoiqu'il en foit: voilà donc fes dix enfans, tous également freres, & chefs d'autant de familles, qui reftent affemblés, & depuis leur naiſſance, accoûtumés de vivre enfemble, & de gouverner avec une intelligence reciproque, leur poftérité. Quand même chaqu'un d'eux n'eût pas hérité des mêmes maximes de leur commun pere, & renonçât à tous les avantages de la fociété de fes freres: il n'eft pas à préfumer que la plûpart en fit de même, & trouva convenable de

don-

donner des exemples pareils à ses propres enfans, & à tous ses descendans.

Voilà donc j'ose dire, démontré que huit ou dix
peres, riches de deux mille descendans chaqu'un,
restent ensemble à la tête de leurs familles, qui
forment déjà un peuple nombreux. Or de-
meurant ensemble, il falloit convenir dans les
maximes de la société, & de la concorde; per-
séverer dans l'unité du même objet; & rendre pourvû de tout le nécessaire, content, &
heureux, autant qu'il est possibl., tout leur
peuple.

Mais comme il n'arrive que trop des accidens
qui attaquent les principes, & les directions les
plus sages, & les plus utiles, au grand dommage de la société; il falloit sans doute, consulter ensemble, & s'en rapporter à l'avis qui
seroit connu le meilleur; car l'affaire devenoit
commune à plusieurs égards. Voilà donc un
Conseil politique, que la nature propose, &
qu'elle assemble elle-même: dans lequel, je
crois écouter les harangues fraternelles, sur les
incidens & les avis proposés; sur le profit ou
le dommage général: & l'unique texte allegué,
ce seroit l'exemple, ou les sentences de leur
commun pere. C'est-là l'unique Code, & l'autorité naturelle, & primitive, qu'on pouvoit
alleguer, sans qu'il y eut aucune convention
préalablement établie, ni d'autre invention humaine, pour l'introduire, & le faire valoir.
Cela découle par nécessité, de la forme de la
génération, & de la multiplication humaine.

M 4

L'art

L' art ne vient qu'après la nature; & tout ce qu'on peut demander d'elle, c'eſt de l'imiter. Très ſouvent même la copie ne vaut pas l'original, quelque imparfait qu'il ſoit devenu.

Or pendant que cet ordre-là continue; voilà l'ainé des dix freres, qui vient auſſi à mourir, & laiſſe dix enfans. Que faire pour lors? Si tous ſes dix enfans entrent dans le conſeil avec leurs neufs oncles, qui reſtent: toujours l'intérêt de la ſeule famille des neveux, l'emporteroit ſur celui de tous les autres enſemble, & une ſeule famille prevaudroit à toutes. Ainſi rien n'eſt plus naturel, que d'apeller l'ainé des neveux, comme le plus proche aux Oncles par ſon âge, & par ſon expérience, pour l'introduire comme égal, dans le Conſeil des anciens; & y faire valoir à la place de feu ſon pere, les droits & les intérêts de toute la branche ainée, & d'y repréſenter tous ſes propres freres. Voilà le droit d'aineſſe aſſez bien indiqué par la nature même; ainſi que la Revélation n'a pas manqué de le dire. Voilà pour la prémière fois un chef moral propoſé, & une ſubordination morale pratiquée naturellement pour le bien de la ſociété, parmi des perſonnes parfaitement égales entr'elles. Enfin voilà un chef d'ordre, & un commencement de Hiérarchie naturelle, fondé uniquement ſur l'âge, ſelon la force du mot; ſans qu'aucune invention humaine s'en mêle.

Achevons ce prototype. Le ſecond Oncle vient à mourir après. Pourquoi ne ſuivra-t-on
pas

pas la même règle; puisque les mêmes principes, & les mêmes raisons subsistent, aussi-bien
que les mêmes personnes? On ne sauroit guères douter, qu'on n'en fît de même à la mort
du second, du troisième, & de tous les autres
Oncles, jusqu'au dernier. Pour lors les cent
neveux, n'ayant plus aucun de leurs peres,
rentrent dans leurs droits naturels de paternité,
& par conséquent sont les maîtres de former
un Senat de cent personnes, s'ils veulent; ou
bien de continuer à s'en rapporter aux ainés de
leurs branches, s'ils sont contens de leur gouvernement, auquel ils s'étoient accoûtumés.

Je ne déciderai point ce qui soit plus proba-
ble. Il me suffit que la nature toute seule m'ait
conduit jusques-là, pour connoître la Monarchie, & l'Aristocratie naturelles: l'une toujours
un peu mêlée avec l'autre, & s'aidant reciproquement, pour le bonheur des peuples. En
effet si le prémier pere avoit besoin du secours
de ses enfans, & devoit se décharger sur eux
d'un grand nombre de soins; tout de même
après sa mort, ses enfans pour consulter entr'eux, & pour régler leur société, devoient réconnoître parmi eux quelqu'un qui représentât
un chef d'ordre, soit par rapport à l'âge, soit
par rapport au mérite personnel, qui donna
plus de crédit, & d'autorité qu'aux autres.

C H A.

CHAPITRE VIII.

Jusqu'ici on ne sauroit comprendre originel-lement aucune trace d'autre forte de Gou-vernement politique, que le Monarchique, & l'Ariftocratique. L'un & l'autre, qu'il foit elec-tif ou fucceffif, n'importe. Cela ne change rien à la forme : mais que les déliberations en der-nier refort, appartiennent à tous les chefs de famille, ou à tous les citoyens, & au peuple, cela n'a jamais rien valu; & ne fauroit avoir lieu parmi les hommes, que dans une fituation extrème, & délabrée. Anacharfis a décidé fort laconiquement, que dans la Démocratie, les fages propofent, & les fots décident. Il paroît même que la Démocratie eft contraire à la na-ture, puifqu'il n'eft pas vraifemblable, que tous les arrières petits fils, chefs de leurs particuliè-res familles, vouluffent s'élever contre leurs peres, & attenter à l'autorité paternelle, pour fe mêler du Gouvernement, & donner l'exem-ple de la Démocratie.

Mais rien ne paroît plus décifif, pour con-noître le véritable penchant de la nature hu-maine, que la confidération de la forme du Gouvernement politique, qu'elle a conftamment adopté & fuivi depuis fon origine, jufqu'au tems de Thefée, où l'on remarque pour la pré-mière fois dans le monde l'idée d'une Repu-blique

blique en Grece. Pendant la fuite de presque quarante fiècles on ne trouve parmi les hommes, dans tous les païs peuplés, que le gouvernement d'un feul, foit fous le nom de Patriarche comme parmi les Hebreux & les Scythes; foit fous le nom de Roi, même dans les plus petites villes, dans toute autre Nation.

Ce qu'on dit de la République de Crete, inftituée par Minos, n'étoit qu'une Monarchie affiftée, & fortifiée par un Confeil, & un Senat; auffi-bien que le Gouvernement de Lacédemone; & à peu près comme Romulus avoit établi à Rome, en inftituant le Senat. Eft-il poffible que tout le genre humain ne fe foit jamais avifé, pendant près de quatre mille ans, d'inftituer une Republique; & que pour cela, il ait fallu décrier les Rois, par des cataftrophes les plus horribles de cent petits Tirans? Cela n'eft même arrivé, que dans un petit coin de l'Europe; & tout le refte de trois parties du monde connu, n'a jamais penfé à cela. On vient enfin de connoître le refte; & on n'a jamais trouvé aucune trace d'autre Gouvernement que Monarchique. Il faut donc tomber d'accord, que la tradition, & les exemples anciens, n'avoient rien fourni de meilleur à l'humanité.

Il ne faut pas non plus oublier, qu'aucune Republique ne fut durable, & qui il n'y en eut pas une, où il n'eût fallû faire des fréquens changemens, pour continuer. Sans cela on n'en parleroit dans l'hiftoire, que comme des
phé.

phénomènes paſſagers.   Pour peu qu'on conſi-
dére Athenes, Rome, & Veniſe, on conviendra
que leur durée n'eſt qu'une apparence, ayant
toutes de tems en tems changé l'eſſentiel de la
forme de leur gouvernement; & c'eſt par là
qu'elles de ſont ſoutenues des ſiècles.   Toutes
les autres Republiques ne paroiſſent que comme
des éclairs dans l'hiſtoire;   & celle de Gennes
n'a pas moins changé de forme que les autres;
outre que ſa médiocre étendue, & ſa ſituation
l'ont ſouvent miſe à couvert des grandes revo-
lutions dont elle étoit menacée.   C'eſt aux
Suiſſes & aux Hollandois de nouvelle date, à
donner s'il eſt poſſible, des exemples différens.

, A la vérité on fait grand bruit, ſur l'inſtitution de la Republique des Hebreux, qu'on prétend établie par Moyſe, à l'occaſion qu'il inſti-
tua les ſeptante deux juges ſubalternes, par le
conſeil de Jethro dans le deſert. Dieu qui
voulut bien approuver cette inſtitution, pour
décharger & ſoulager Moyſe, n'a que trop préciſement marqué ſa volonté, par la ſucceſſion
des Juges, & par la prédiction des Rois, qui
entroient trop manifeſtement dans l'économie
divine, *ante conſtitutionem mundi.* En effet
y a-t-il rien de plus manifeſte, & parlant, contre l'exiſtence de la prétendue Republique d'Iſ-
rael, que de voir une ſuite preſque regulière
de Juges, qui déclarent la guerre de leur propre mouvement, qui aſſemblent le peuple, qui
ſe mettent à la tête des armées; qui font la paix,
comme bon leur ſemble; qui jugent le peuple

en dernier refort ; & qui ne font eux - mêmes élûs de perfonne fur terre, ni reconnus, ou inftallé par le prétendu Sanhedrin, auquel ils n'ont jamais témoigné aucune dépendance, ni foumiffion ? Apelleroit - on cela une Republique ? Flave Jofeph a fi bien reconnu la force d'un tel raifonnement, qu'il n'ofa donner au Gouvernement primitif des Hebreux, aucun des noms connus parmi les Nations ; & n'a pas craint de l'apeller Théocratie, nom tout nou. veau & fans exemple parmi les autres peuples. Il raifonne même là-deffus avec tant de force, qu'on ne fauroit en difconvenir.

Tout cela trouvera fa place, & j'en parlerai en fon lieu autant, que ma petite activité le permettra. Il fuffit à préfent de connoître que parmi le Genre humain, depuis fon origine & pendant la fuite de presque quarante fiècles, les hommes n'avoient connu d'autre Gouvernement politique, que la Monarchie ; & que non obftant tous les défordres, les cruautés, & les tirannies d'un grand nombre de Monarques, on n'a jamais penfé de changer cette unique forme; quoique le Genre humain ne manquât pas de perfonnes parfaitement éclairées, & d'excellens Philofophes, parmi les Caldéens, les Egyptiens, & les anciens Perfans, & les Gimnofophiftes.

En fuivant la force du raifonnement humain, à qui tout feul je n'oferois me fier jamais, je fuis perfuadé qu'on pourroit fort bien démontrer, que fi tous les hommes étoient auffi parfaits que les Anges ; il ne leur conviendroit

d'aud'autre Gouvernement, que la Monarchie. Plus ils s'approchent d'un état si parfait, plus elle leur convient; & ce n'est qu'au défaut de la Monarchie, que l'Aristocratie peut avoir lieu quelque tems, pour le bonheur des peuples, & pour aider & secourir les Monarques.

Ce n'est pas pour flatter le Roi mon maître, ni pour faire honneur à ma patrie, & à mes ancêtres Aristocratiques, que je pense de cette façon-là. J'abandonnerois l'un & l'autre, du moment que la vérité divine se présenteroit pour manifester le contraire: mais c'est-elle-même qui parle ainsi, par l'ordre naturel, & par la tradition universelle, & qui a bien voulu en décider tout de même par la Revélation reconnue de tous les gens de bien.

CHAPITRE IX.

Rien ne me paroît plus pressant, & plus démonstratif pour persuader, que le Gouvernement d'un seul, tire son établissement d'une autorité toute divine, que de considérer tout ce que le raisonnement humain a inventé, pour le combattre, & l'infirmer dans l'esprit des hommes. Non seulement il a toujours échoué dans cette entreprise: mais il est parvenu par le plus rude, & plus obstiné contraste, à démontrer également sa propre foiblesse, & la

force

force furnaturelle dont le Tout - puiffant in-
veftit, & foutient les Monarques.

Voici en abrégé tout ce que les plus fins ont
penfé, & publié pour perfuader, que le Gouvernement d'un feul, eft impoffible parmi les
hommes. J'avois même été féduit autrefois là-
deffus, par les préventions héritées de mes
ancêtres, & par les maximes généralement répandus dans ma patrie Ariftocratique. Je n'en
fuis revenu, que par la force de la vérité ema-
née de la Revélation, qui m'a fait réfléchir aux
défordres & malheurs qui accompagnent néces-
fairement tous les Gouvernemens republiquains,
du prémier relâchement de l'obfervance la plus
rigoureufe des loix.

D'abord que la famille & la poftérité d'un
Pere s'augmente; la nature même, dit-on,
apprend, qu'il ne fauroit remplir tous fes devoirs, envers fes petits fils, fans partager avec
fes propres enfans, fes domeftiques, & avec des
étrangers mêmes, en qualité de précepteurs, &
adminiftrateurs, les foins naturels, & néceffaires, pour l'entretien, la direction, & la bonne
éducation de fa poftérité. Sans cela, non feulement fes petits fils, & arrières petits fils,
refteroient fans aucune éducation; mais fans
fubfiftance auffi, puifque l'une autant que l'autre, dépend d'un ordre exact, d'une jufte diftribution, & d'une connoiffance inceffante des
befoins particuliers d'un chaqu'un. Que s'il
eft impoffible à un Pere, de remplir tout feul
tous ces devoirs; il l'eft bien plus à un Roi,

pour

pour tout ce qui eſt indispenſable à un grand peuple. *Qui nimis probat, nihil probat.* Tout Pere qui n'eſt pas ſot remplit tous ſes devoirs, avec tant ſoit peu d'aſſiſtance : & tout Roi ſage les remplit également, par une aſſiſtance un peu plus grande : & tout le raiſonnément va en fumée.

On ajoûte, qu'un Pere n'a pas ſeulement les devoirs de pourvoir à la ſubſiſtance, aux néceſſités, & commodités de toute ſa famille : mais auſſi de l'inſtruire, la conduire, l'encourager, & la corriger également par la voix, & par l'exemple. Tout Pere donc, pour le moins, lorſqu'il vieillit, n'eſt rien moins qu'en état d'accomplir tout ſeul tous ces devoirs-là, qui demandent une aſſiduité, & un travail corporel très péſant, lorſqu'il a plus beſoin de répos, & de tranquillité.

Quand même il ſeroit dans un âge robuſte, & vigoureux; tous ces devoirs-là ne ſont pas moins accablans, pour une perſonne toute ſeule qui ne ſauroit ſe paſſer d'une inquiétude, & d'une peine continuelle, à laquelle perſonne ne ſauroit reſiſter longtems. Cependant un Pere eſt porté à cela par la nature; & les douceurs de l'affection naturelle, qui l'y engage envers ſes propres enfans, en diminuent infiniment le poid, & en rendent mille fois plus aiſé l'accompliſſement. Ses enfans mêmes, & ſes petits fils ne ſont pas moins inclinés par la nature, à la dépendance, à la ſoumiſſion envers leur Pere, & à ſe rendre ſouples & faciles, à tout ce qu'il qu'il demande d'eux. Un Roi n'a, dit-on, aucun semblable secours. Il ne tient rien de la nature qui l'attache à ses peuples ; & ce ne sauroit être que par réfléxion, ou par intérêt, qu'il en prendroit soin : mais ce qui est plus encore, c'est que tous les soins, que les Monarques prennent de leurs peuples, lors même qu'ils sont les plus innocens & salutaires, paroissent toujours attenter à leur liberté naturelle, & contraindre & gêner les intérêts des particuliers, qui ne s'y prêtent jamais volontiers.

Enfin, dit-on, quoique plusieurs eussent entrepris, en montant sur le trône, de s'y comporter en véritables Peres de tous leurs peuples ; ils ont toujours été la dûpe de leurs meilleures intentions : & il ne se passe pas long-tems, qu'entrainés par une espèce de nécessité, attachée à l'incompetence de leur poste, & séduits par leurs ministres, ils font peu à peu *de leur bon plaisir* particulier, la loi, la mesure, & le droit, des actions, de l'honneur, des biens, & de la vie de tous leurs sujets.

C'est là où le meilleur Monarque du monde, en doit venir enfin ; & que toute Monarchie dégénere en Despotisme, selon le moderne adoucissement, ou en Tirannie, selon l'expression du moyen âge. Les Grecs du meilleur siècle ont indifféremment apellé Tirans, ceux que nous apellons Rois légitimes, les plus doux & benins,

N

aussi.

aussi-bien que tous ceux qui ont usurpé & envahi le trône, & s'y sont comportés avec la dernière cruauté, & perfidie. On prétend que la Monarchie ne borne point les Rois, pour être plus l'un que l'autre, & que la différence ne dépend, que de l'inclination naturelle, & des circonstances, où chaque monarque peut se trouver.

Sans m'arrêter à refuter ici tous ces paralogismes, je crois devoir uniquement réfléchir, que tout cela n'a point empêché, que la Monarchie se soutienne constamment parmi les hommes; & que si même quelque part on en a interrompu la suite; cet exemple n'a rien valu, pour toutes les autres parties du Monde, & là aussi où le gouvernement Republiquain avoit pris racine, il fallut en revenir tôt ou tard à la Monarchie,

Il ne faut pas dire, que cela soit arrivé par une violence extérieure, puisque personne ne peut ignorer, que toute Republique n'est tombée que de soi-même, & que la seule corruption intérieure, a donné lieu aux étrangers de l'abattre enfin pour toujours. Car ainsi qu'il fut dit ci-dessus, toute Aristocratie peut bien être un bon & véritable Gouvernement; particulièrement lorsqu'elle seroit établie aussi sagement qu'à Venise, où l'excellence de ses loix incomparables feroit croire presque impossible, qu'elle dût jamais périr. C'est véritablement

un

un chef d'œuvre, fi on la confidére dans la
perfection de fes maximes politiques, & dans
les arrangemens qu'on a pris pour la perfe-
Ctionner, ainfi que nous aurons lieu d'en parler
plus d'une fois; car fans contredit elle fur-
paffe de beaucoup toutes les Republiques les
plus anciennes. On ne fauroit affez déplorer
la foibleffe humaine, qui ne permet pas de
pouvoir prévenir, qu'il ne fe gliffe peu à peu,
tels relâchemens & défauts, qui l'entraînent
enfin dans les plus grands malheurs. C'eft
ce qu'il n'eft pas poffible de reparer, que par
des violens remedes, dont l'application n'eft
pas moins difficile que dangéreufe; car il y va
toujours de la forme du Gouvernement, ainfi
qu'on le voit par l'inftitution des Dictateurs
dans Rome.

La Monarchie n'a rien à crainde de ce côté-
là, & n'eft jamais expofée à des fi grands revers;
car du moment que le plus cruel Tiran vient
à mourir, on n'a qu'à lui donner un fucceffeur
plus humain, pour que tout foit accommodé,
fans aucun danger, ni dommage des peuples,
& de l'Etat. C'eft là auffi un des plus grands
avantages du Gouvernement Monarchique.

CHAPITRE X.

Ce que j'ai confidéré jusqu'ici, n'eft pas pour faire rejetter abfolument le raifonnement humain; car au contraire c'eft par le même rai‧fonnement, que je fuis parvenu à toutes ces connoiffances, pour en former un difcours fui‑vi. Mais en même tems je crois qu'on en doit avoir affez, pour ne pas s'y fier, & s'en rap‑porter à lui feul, y ayant toujours trop du pour & du contre, avec lui.

En effet après avoir raifonné à perte de vue, fur la fociabilité, & fur la fociété humaine; les uns ne fauroient rien trouver qui autorifât la Monarchie; & les autres n'y trouveroient peut-être que cela, pour fixer le bonheur des hommes, autant qu'il eft permis ici bas. Les uns & les autres, quoique diamétralement op‑pofés, s'apuyeroient fur le raifonnement, & comme il arrive à la guerre, combattroient par les mêmes armes, fans qu'elles foient capables d'affurer jamais la victoire, qui ne dépend que de l'adreffe, de la Tactique, de la valeur, & des accidens. La victoire même ne décide pas de la juftice de la caufe; car elle ne dépend rien moins que de cela: & je ne hazarde rien à foûtenir, que les raifonnemens humains font précifement les armes dont la nature à pourvû

les

les hommes presque de leur naiſſance, pour ſe défendre, & s'il le faut, quelquefois prévenir par l'attaque ceux, qui oſeroient entreprendre de nous inſulter, & de forcer les retranche-mens de la juſtice à notre égard.

Chaqu'un a les mêmes armes ; un peu plus, un peu moins de bonne trempe, polies, & ri-chement ornées, ou ſimples & quelquefois rouil-lées encore : mais c'eſt la force du bras, la chaleur du cœur, le ſangfroid à la tête, & ſur tout une main ſuprème, qui donne la ſupériorité aux uns, & l'infériorité aux autres; ſans cependant prétendre décider par là du droit, de la juſtice, & de l'équité. Il n'arrive que trop, qu'un mauvais raiſonneur remporte l'avantage ſur le plus ſenſé, par l'influence de la préven-tion, de l'autorité, & de la cabale.

Quand même on n'auroit jamais hazardé la doctrine, qui met la ſouveraineté des Etats dans les peuples, il étoit bien naturel d'y par-venir, par toutes les propoſitions, que les Ju-risconſultes modernes plus renommés, ont poſé pour baſe de toute la Politique. Cependant l'abſurdité d'une telle doctrine paroît manife-ſtement & palpablement, par la ſeule réfléxion, que c'eſt tout de même, que de mettre la puiſ-ſance paternelle dans les enfans. Y eut-il ja-mais un abſurde ſemblable ? Je ſai fort bien, qu'on ſe donnera la torture, pour forger des diſtinctions ſcholaſtiques, à fin d'échapper par

N 3

ces

ces faux fuians des prites invincibles de la vérité : mais c'eft autant de perdu, que toutes ces
pitoyables défaites.

Le Genre humain a commencé par un feul
pere, à qui la nature apprit à gouverner fes
enfans, qui étoient pour lors l'unique peuple
au Monde, & qui n'exigeoient pas moins d'être
conduits par des juftes règles d'Economie, que
de Politique.   Ce prémier Pere n'eft mort,
qu'après que fa famille étoit infiniment aug-
mentée, pour peupler le Monde.   La néceffité
a contraint fes enfans de fe féparer ; & pour
lors un gouvernement général ne pouvoit avoir
lieu.   Il fallut en faire plufieurs, fur le même
modèle; car la féparation fe fit par familles,
fous leurs chefs naturels. Si donc la doctrine
de la fouveraineté des Etats dans les peuples
doit avoir lieu aujourd'hui, & fe reconnoître
comme la bafe effentielle de tout gouvernement politique; tout de même devoit-elle fubfifter dans les prémiers fiècles du Monde ; &
par conféquent les enfans étoient les dépofitai-
res naturels de la puiffance paternelle, fur leur
propre pere.   Quelle extravagance, & quelle
abfurdité!

Quand même on voudroit fortir des bornes
de la nature, & recourir à la violence, & à
la corruption, qui l'a toute bouleverfée ; on
n'en feroit pas plus avancé: car fi un Tiran &
conquerant par la guerre eft réüffi à opprimer

fes

ſes voiſins oſeroit-on dire, que la ſouveraineté fût alors dans les eſclaves? Or par l'hiſtoire,
nous ne ſaurions comprendre d'autre origine
des gouvernemens politiques, que les deux ci-
deſſus, également disfavorables à la ſouveraineté des peuples.

Sans toucher à préſent à l'événement deThe-
ſée par rapport aux Atheniens; je ne manque-
rai pas de conſidérer, que ſoit par la mort pré-
maturée d'un pere, ou par le maſſacre d'un
conquerant, les enfans auſſi-bien que les eſclaves, rentrent, dit-on, dans leur liberté, & in-
dépendance naturelle. Mais comment rentrer
dans un droit, qu'on n'avoit pas auparavant?
Peut-être en peut-on acquerir de nouveaux, en
différentes manières, ſoit par donation, ſoit
par contract, ſoit par conquête. 'Qu'on diſe
un peu ce qui en eſt, dans les deux cas ſuppo-
ſés? Je l'avoue: je ne ſaurois y rien comprendre de ſemblable. J'ai vû dans toute la primitive Egliſe chrêtienne, les peuples conjointe-
ment avec le clergé, élire leurs Evecques, ſans
qu'on ait jamais imaginé que la puiſſance ou le
Miniſtère Epiſcopal, ſoit originellement dans
les peuples. J'ai vû que Moyſe a bien ordon-
né aux tribus de choiſir ſix hommes chaqu'une
parmi elles, pour en former ſeptante deux
juges, ſous lui; ſans la moindre apparence, que
chaque perſonne de toute tribu, eut le droit
de ſe juger de ſoi-même, auquel elle ait renon-
N 4   cé

cé par cette élection expreſſement ou implicite-
ment. Je vois bien ce qui eſt dit; (Num. XI, 25.)
Que *deſcendit Dominus per nubem, & locutus*
eſt ad eum, auferens de ſpiritu qui erat in
Moyſe, & dans ſeptuaginta viris.

CHAPITRE XI.

Mais qu'il me ſoit permis de pouvoir un peu
devélopper l'équivoque, car l'illuſion générale n'eſt pas ſans excuſe.

Rien n'eſt plus commun, que d'entendre
prôner la liberté naturelle, également partagée
parmi les hommes; de ſorte que toute créature
qui nait avec la figure humaine, en ait ſa part
aliquote, pour le dire en mathématicien. Cependant ſi l'on demande en quoi conſiſte cette
liberté, on ne ſauroit répondre, ſi non qu'elle
conſiſte à déterminer ſa propre volonté par un
principe intérieur, indépendant. Cette unique
réponſe, qu'on peut donner, eſt fort ſujette à
caution : car tout homme a beau déterminer ſa
volonté pour agir, ou pour ne pas agir, ni
ſouffrir; que ſi les forces, & les moyens lui
manquent, comme il n'arrive que trop; tout
homme tomberoit dans la folie de vouloir l'impoſſible; & pour n'être pas ſot & miſérable, il
lui faut vouloir ce qu'il peut, & ce qui lui eſt
permis, & rien davantage.

Malgré

Malgré cela, on s'obstine à soûtenir que dans le fond, la nature humaine a cette liberté originelle; & j'en tombe d'accord, si l'on prend bien garde à ce qu'on va dire. On s'imaginera que c'est un Philosophisme outré, & peut-être une application forcée, celle que je vai faire: mais tant soit peu qu'on s'aprivoise avec la vérité, on sera contraint d'avouer, que la nature humaine n'a d'autre liberté au monde, que la capacité de participer à la sagesse divine, qui seule est véritablement libre de sa nature, car elle connoît & peut tout ce qui est beau & bon. *Si filius vos liberaverit, vere liberi eritis.* (Ev. Iohan. VIII, 36.) C'est le même dont il fut dit: (Proverb. VIII, 15.) *Per me Reges regnant, & legum conditores justa decernunt.* Voici la raison: *meum enim est consilium & aequitas, mea est prudentia, mea fortitudo.* Voilà ce que c'est qu'être libre. Tout le reste n'est qu'illusion, ainsi qu'on va le démontrer.

Aucune créature humaine ne sauroit être libre du moment de sa naissance. Elle ne sauroit le devenir de son enfance; car elle ignore tout à fait, & du moins ne sauroit-elle faire aucun usage de son principe intérieur, indépendant, pour déterminer sa volonté. Si un enfant veut quelque chose, ce n'est que par instinct, ou par l'influence de la nourice. Dès qu'il s'avance à la virilité; il ne sauroit rien acquerir, que par l'éducation, & par la réflé-

N 5   xion,

xion, s'il apprend d'en profiter par les règles, qu'on lui doit avoir apprises traditionellement, ou de vive voix, ou par l'exemple. C'est donc par là qu'il acquiert cette liberté tant vantée; & qui n'appartient aucunement à la nature humaine, qu'autant qu'elle est inclinée & capable d'y participer, par la connoissance de la verité, & l'impression τῆς δυνάμεως αὐτῆς, & qui se manifeste par les habitudes de la Vertu.

Qu'on considère les hommes dans l'état d'innocence, tout comme dans l'état de corruption; dans le fond c'est toujours la même chose. La différence essentielle de ces deux états, c'est que dans l'innocence, tout conspire à nous rendre éclairés & vertueux; de sorte que l'on n'a qu'à suivre toujours le penchant naturel, sans jamais y trouver d'obstacles. Au contraire, parmi la corruption, les obstacles à chaque pas se présentent. Il faut se contraindre, & se gêner incessamment. Il faut combattre, surmonter, & bien loin d'être secondé & poussé par la nature, on est presque aussitôt rebuté par le contraste perpetuel, & abattu enfin tout à fait par le sentiment de notre propre foiblesse, & d'une totale impuissance.

Quiconque n'aime point à se faire illusion, doit convenir que tout homme, dans l'état corrompu où il se trouve; si on l'abandonne tout seul à soi-même, il faut de toute nécessité, qu'il tombe dans une constitution cent fois pire,

que

que celle des brûtes, environné comme il est
de mille befoins, plus qu'eux, fans les moyens
d'y pourvoir de lui-même. Ce n'est que par la
fociété qu'on y fatisfait; & qui en même tems
les multiplie à l'infini ; fans être dans fon fond
affez riche, pour fatisfaire à tous les befoins
qu'elle produit, lors même qu'elle fuffit à fatisfaire ceux que la nature demande. Est - ce là
cette liberté naturelle, dont on fait tant de pa-
rade ? Sans la fageffe, tout n'est qu'efclavage
parmi les hommes. Plus les ténèbres font
épaiffes pour eux, plus la prifon, & les chaî-
nes font dures & indiffolubles : & le petit enfant quoique héritier, ne diffère point de l'efclave, durant tout le tems qu'il manque de
connoiffance, & de force ; car c'est là uniquement
ment ce qui donne la liberté.

Il ne faut pas féparer la connoiffance de la
force, pour être véritablement libre, car *qui
addit fcientiam, addit & dolorem.* (Eccles. I,
18.) Et rien n'est plus chagrinant, que de connoître ce qu'il faut faire pour notre propre
bonheur, & pour le bien commun ; & voir en
même tems, que tous les moyens nous manquent pour agir, felon une volonté éclairée &
jufte. C'est delà que la patience, l'humilité,
& la longanimité font des vertus parmi les honnêtes gens, qui connoiffent du moins ce qui
leur est convenable, & ce qui est convenable
aux autres, quoique les forces & les fécours
leur manquent, pour l'effectuer.

On

On ne sauroit donc disconvenir, que parmi les hommes, ceux qui sont les plus éclairés, & le mieux pourvûs de moyens pour agir selon leurs justes connoissances, sont toujours les plus libres ; & que par là même ils acquèrent un droit naturel de conduire & de soûtenir les aveugles, & les impuissans d'entre leurs semblables.   Or qui oseroit revoquer en doute, que les Princes souverains soyent les plus pourvûs de moyens, pour faire valoir ce qu'ils connoissent de juste, & d'équitable ? Ainsi leur institution ne sauroit être que divine, pour travailler au bonheur des peuples, & les rapprocher le plus qu'il est possible de l'état par lequel on marche à la perfection.

Auroit-on quelque peine d'avouer, que cette connoissance, & cette force, n'est rien moins que commune entre les hommes ? Parmi la corruption générale de la nature humaine, peut-on s'attendre plus des uns que des autres ? Il faut, j'ose dire, quelque chose de surnaturel, pour former, & conserver un véritable Monarque, quoique la main invisible employe bien souvent des moyens d'un extérieur naturel.

On s'est presque déchainé contre l'Empereur Justinien, sur ce qu'on trouve dans sa Nouvelle CV. qu'il dit en parlant des Empereurs; ἧγε καὶ αὐτὸς ὁ Θεὸς τὰς νόμας ὑποτίθεικε; νόμον αὐτὸν ἔμψυχον καταπέμψας ἀνθρώποις. C'est à dire que *Dieu a soumis les loix aux Monar-*
ques,

ques, ayant envoyé ici bas la loi vivante ou animée parmi les hommes. Peut-être que sur la faute de quelque copiste, on a voulu attribuer une impiété à cet Empereur, comme ayant voulu dire que Dieu dans la personne même des Empereurs avoit envoyé aux hommes une loi animée. C'est pousser la mauvaise humeur au delà des bornes, contre un Prince du moins assez politique, pour ne dire rien de semblable de Neron, Domitien, d'Eliogabale, & de tant d'autres. Tout au contraire, par ce texte même il fait éclater sa piété, se rapportant à la loi vivante que Dieu avoit envoyé ici bas aux hommes, dans la personne adorable du Sauveur; d'autant plus que cet ἔμψυχον νόμον a bien du rapport aux expressions des Conciles de Constantinople. Les Empereurs d'Orient affectèrent toujours de se faire considérer, comme les représentans & vicaires du Seigneur, comme les Papes l'ont prétendu depuis ce temslà. Les medailles, & les ornemens des Empereurs d'Orient, marquent précisement, combien ces Monarques affectoient cet honneur.

Du reste n'est-il pas évident que Dieu a soumis aux Monarques les loix? Ne faut-il pas les faire valoir, les interpréter, les corriger, & les changer même, selon les tems, les circonstances, & le besoin des hommes; & pour le dire en un mot selon l'Equité? A qui est-ce que cela doit appartenir si non aux Monarques?

N'est-

N'est-ce pas là la signification naturelle du mot ὑποτίθεμαι ? On ne sauroit ignorer, qu'il y a une Loi éternelle immuable de justice, qui est la source & l'exemplaire sacré de toutes les loix humaines écrites ou non écrites : & qu'il y en a une supérieure encore Architectonique, qui impose de proportioner la justice à la foiblesse & infirmité des hommes, & qui est la suprème loi d'Equité. Or cette foiblesse & infirmité humaine étant dans un changement continuel & successif ; il est indispensablement nécessaire de faire des règlemens continuels dans les loix humaines ; d'en abroger même quelques unes ; d'en substituer d'autres, & d'en introduire de nouvelles. Qui aura le droit de faire ces changemens, si non celui qui est le dépositaire, le garant, & le vendicateur des loix ?

Oseroit-on dire, que les peuples après avoir renoncé au droit de faire valoir les loix, se sont reservé le pouvoir legislatif ? La proposition est si absurde, que je ne m'arrêterai pas longtems à la refuter. Les mêmes Jurisconsultes qui ont donné là-dedans, fondés sur leur liberté naturelle ; seroient bien embarrassés de prouver, que les enfans également libres que leurs peres, puissent être obligés, par des loix que leurs peres leur auroient imposées, sans leur consentement. Ne convient-on pas généralement, qu'un Pere ne sauroit obliger ses

enfans,

enfans, ni leur impofer aucune condition one-
reufe, fur les biens qu'il ne leur transmet pas
originalement; & fans compenfer l'obligation
par des avantages réels ? Mais après tout, ce
pouvoir legislatif, feroit-il dans les hommes également partagé ? Seroit-il dans le
plus grand nombre? Et pourquoi ? Seroit-il
dans le petit nombre, des plus fages, & des
plus vertueux? Mais qui eft le juge fûr & connu de la fageffe, & de la vertu des hommes?
Enfin on ne fe tirera jamais de ces contradictions, qu'en reconnoiffant le pouvoir legislatif, émané de Dieu feul, & confié aux Mini-
ftres qu'il a lui-même caractérifé, & autorifé
parmi les hommes.

CHAPITRE XII.

Ce n'eft pas que tout ce qui paffe par la
main des hommes, ne foit fujet à fe cor-
rompre, & à produire pour lors des effets pernicieux. Cela eft fi véritable, que la loi même toute jufte, & néceffaire qu'elle eft, a paffé
pour être presque la caufe de la transgreffion.
(Ad Rom. IV, 15.) *Lex enim iram operatur.
Vbi enim non eft lex, nec prævaricatio.* (ibid.
V, 13.) *Vsque ad legem enim peccatum erat in
mundo : peccatum autem non imputabatur,
cum lex non effet.* (v. 20.) *Lex autem fubin-
trauit*

trauit ut abundaret delictum. (ibid. VII, 7.)
*Quid ergo dicemus? Lex peccatum est? Absit.
Sed peccatum non cognoui, nisi per legem.
Nam concupiscentiam nesciebam, nisi lex dice-
ret: non concupisces. Occasione autem accepta,
peccatum per mandatum operatum est in me
omnem concupiscentiam. Sine lege enim peccatum mortuum erat. Ego autem viuebam
sine lege aliquando, sed cum venisset mandatum, peccatum reuixit. Ego autem mortuus
sum, & inuentum est mihi mandatum quod
erat ad vitam, hoc esse ad mortem: nam peccatum occasione accepta per mandatum, sedu-
xit me, & per illud occidit. Itaque lex qui-
dem sancta, & mandatum sanctum, &
justum, & bonum.* (Ad Gal. III, 24.). *Itaque
lex pædagogus noster fuit.* Aucun Jurisconsulte au monde n'a mieux devéloppé l'embarras
de cet article important ; & ce qu'on vient de
marquer sur la loi, répand une lumière éclatante sur tout ce qui a rapport aux Monarques,
qui ne sont pas moins d'institution divine, que
la loi même.

Il faut donc bien prendre garde, qu'on ne
nous en impose, par des certains raisonnemens,
que la fourberie des uns, & l'ignorance des
autres, ont rendu communs, & répandus presque par toute l'Europe. On objecte incessamment un prétendu Despotisme, pour décrier la
Monarchie, en lui attribuant une signification
arbitraire, qui n'a aucun rapport avec le mot
grec

grec *διανεμω*, d'où il est dérivé. La pratique n'est pas moins contraire à l'interprétation qu'on lui donne, que la Théorie; & j'ai quelque raison de douter, qu'en effet le *stat pro ratione voluntas*, ne soit qu'un jeu de mots, tout à fait vuide de réalité, inventé pour en imposer au monde.

S'il y a une volonté parmi les hommes, c'est assurément celle de parvenir enfin à un état parfaitement heureux. Du prémier Monarque, à la moindre Entité humaine sur terre, ce même & unique sentiment-là, est ineffaçable du cœur humain. Il ne sauroit donc y avoir d'autre différence, que sur l'objet, & les moyens de nous rendre heureux; sur lesquels on peut bien se tromper, & on ne s'égare même que trop. L'égarement & l'illusion en proposant quelquefois des objets de simple apparence sans acune réalité, ne laisse pas d'y faire particulariser, & déterminer cette volonté générale: mais dans cette même détermination faite par l'erreur qui nous séduit, le fond de la nature, n'en est pas pour cela renversé. La volonté intime qui ne sauroit s'effacer, presse toujours instancablement après le véritable bonheur de l'humanité & pousse même à travers de toute sorte d'illusions, & par tous les égaremens imaginables, au grand but, dont elle n'a pas encore une idée claire & distincte. On n'a qu'à l'éclairer, & à la tirer de l'égarement où elle est, pour comprendre ce

O

qu'elle

qu'elle veut véritablement, & où elle se porte par sa propre nature, qu'elle ne sauroit jamais démentir.

Peut-on comprendre après cela, qu'il soit possible, que la raison nous éclaire, & nous persuade du véritable objet d'un bonheur accompli, & des moyens sûrs & aisés d'y parvenir; & qu'il soit en même tems permis d'y opposer sa volonté? On peut bien par une forte illusion, ne pas écouter tranquillement la raison, la contester avec fureur, & se prévenir contre ses attraits : mais de la laisser agir sur nous, de s'en laisser persuader, & de déterminer sa volonté contr'elle ; c'est ce qui doit paroître une contradiction manifeste. Ainsi je ne comprens pas dans la sphère des possibles, qu'aucune volonté, sans quelque raison, puisse avoir lieu dans la nature ; si ce n'est l'originale volonté d'être heureux, qui précéde toutes les réfléxions humaines, & à laquelle il n'est pas permis de renoncer jamais.

Un Monarque peut bien ignorer qu'il ne sauroit être heureux, qu'en faisant le bonheur de ses peuples, & s'égarer là-dessus : mais le peuple est bien plus sujet à donner dans la folie d'attribuer au caprice du Monarque, ce qui est effectivement la production d'un raisonnement le plus juste, & le plus nécessaire ; quoiqu'il ne soit pas juste de le rendre public. Bien souvent ne seroit-il pas compris, & peut-être l'effet en seroit traversé. Rien n'est plus fréquent quérit, qu'un tel phénomène, entre les malades & leur medecin; entre les enfans, & leur pere; entre les soldats & leur capitaine; entre les peuples & leur souverain.

Je ne saurois me passer de faire ici une réfléxion, qui me parût toujours fort équitable, & que je ne saurois pardonner à tant d'auteurs de l'avoir négligée. Les Rois ne sont pas inombrables ni infinis sur la Terre, & sans doute leur nombre est bien le moindre de toutes les autres conditions humaines. Il ne séroit pas donc si difficile de distinguer entr'eux les monstres de cruauté & d'injustice, d'avec les précieux exemplaires d'équité, de douceur, & d'affection envers leurs peuples. Le plus grand nombre seroit après pour ceux qui ne sont memorables, ni par des grandes vertus, ni par des grands vices. A la vérité ce sont les violens qui ont le plus fait parler d'eux; car la nature humaine se ressent bien plus de la moindre chose qui la blesse, que de tous les biens & les plaisirs qui lui sont convenables: mais dès qu'on regarde au criterium de la vérité, cette déformité tant exagerée, disparoît à peu près comme un songe au reveil.

Il est même très rare, que les plus méchans entre les Princes, n'ayent aussi fait de grands biens, que leur cruautés ont empêché de mettre sur leur compte: mais qu'un juste juge ne doit pas oublier. Peut-être même que le plus sage, & le plus doux des monarques est quel-

quçs

ques fois tombé dans des excès déplorables; mais on pardonne à celui-ci, & on ne sauroit rien épargner à l'autre.

Pendant même les Gouvernemens les plus rudes, & les plus barbares, oseroit-on faire quelque comparaison entre ceux qui ont souffert du Tiran, & ceux qui ont passé paisiblement & gaiement leur vie, sans rien perdre de tous leurs biens, & de leurs honneurs? Tout le peuple peut bien avoir été étonné & intimidé par les spectacles de plusieurs malheureux : mais toujours le grand nombre en a été quite pour la peur. Aucun Tiran n'a été de longue durée; car le Ciel a toujours veillé pour le renverser au plus vîte.

Enfin si l'on se donnoit la peine de faire les mêmes recherches, dans tous les Gouvernemens Republiquains, comme on les fait sur les Monarques; on y trouveroit bien plus de tirannies, de violences, & d'injustices, qu'on n'en trouve sous les Tirans; & qui ne sont point passagères. Athenes, Lacédemone, & Rome, entre les anciennes Republiques, fournissent des exemples de violation de foi, d'injustices, & de barbaries criantes. Depuis ce tems-là, le peu de Republiques qui ont succédé, n'en ont pas moins fait; & la plus sage, & la plus moderée de toutes, a donné lieu à l'histoire d'en rapporter d'effroyables, particulièrement avant que l'Aristocratie y fût établie. Si un certain ouvrage faussement attribué au fameux P. Paul Sarpi

Sarpi, étoit effectivement de cet auteur, & qu'il fût, suivi par les Inquisiteurs d'Etat à Venise; ce seroit un terrible témoin de la tirannie republiquaine: mais ce livre-là peut fort bien se joindre au Prince de Macchiavel; & regarder l'un & l'autre, comme des productions inventées, pour donner de l'horreur des Republiques, & des Princes souverains, aux peuples. Indigne objet d'un honnet-homme.

CHAPITRE XIII.

Si je voulois même analiser les anciens Etats Democratiques, je pourrois former des argumens très forts, pour prouver, que la vertu n'y parût presque jamais, que comme un éclair, & le vice y a très souvent prévalu, à moins qu'une certaine rudesse, & sevérité n'ait contenu le peuple pour quelque tems dans son devoir. Encore cela ne s'est-il jamais fait, que par des contrastes horribles, & par verser beaucoup de sang, & exiler grand nombre de citoyens. Apellez-vous cela un Gouvernement où la vertu est le principal ressort? Il est même évident par l'histoire, que sans la Dictature parmi les Romains; sans les Rois dans Crete & dans Sparte; & sans quelques Pericles, & quelques Aratus, les Republiques auroient bien hâté leur fin tragique.

Ce

Ce feroit au moins une vertu bien foible, celle qui auroit agi dans les Republiques, puis qu'elles ont fi mal foutenu leur moment heureux. Les Ariftocratiques qui ont duré le plus, ont enfin dégénéré en Oligargie, le plus vilain des Défpotismes, ou font tombées dans l'Oclocratie, toutes les fois que le Senat s'eft rendu trop nombreux : car le grand nombre le remet auffitôt à niveau du menû peuple. Où trouvez-vous qu'on ait également évité ces deux écueils, fans donner tantôt dans l'un, & tantôt dans l'autre, & n'en revenir qu'avec perte. Ce n'eft pas un petit bonheur de s'être foutenu dans la fuite de quelques fiècles, à travers de plufieurs délabremens, ce qui n'a pû même arriver jamais aux Etats purement Democratiques.

Il faut avouer, qu'en comparant peuple à peuple, dans fon afpect le plus favorable, pas un ne fauroit égaler célui d'Athenes, fur le rapport de l'hiftoire la plus averrée. Les plus fages, & les plus polis des Romains, en tombent d'accord : & cependant ce peuple généralement très eftimé, qui poffedoit bon nombre de particuliers très polis, & vertueux, n'a pû s'empêcher de changer plufieurs fois de forme de Gouvernement, & même en changeant, ne s'eft foutenu que fort peu de tems. Sa décadence & fa ruine, n'eft furvenue que de fa corruption interne, ainfi que chez toutes les autres Republiques. Les Extérieurs n'ont jamais

mais prévalu sur elles, que par leur propre délabrement.

Celles qui se sont le mieux soutenues, dans la suite de tous les siècles, n'ont pas été assurément les plus vertueuses ; mais celles qui n'ont pas entrepris de s'aggrandir, & qui ont conservé sagement leur liberté, quasi par composition avec les plus forts. Qui ont cherché de rendre service à tous les Princes, sans leur être à charge le moins qu'il fut possible ; & qui ont pris part tantôt avec les uns, tantôt avec les autres, & se tirant toujours honnêtement les prémières de la dance, pour donner du poid au parti pacifique. Mais cette conduite qui n'a rien de commun avec une générosité d'héroisme ; ne sauroit convénir à des peuples qui se ressentent enfin de leur bonne fortune ; & qui boivent à longs traits l'idée d'une liberté imaginaire. Ils ne sauroient se contenir longtems dans cette louable modération ; car leur vertu franchit les bornes immancablement ; & dégénere aussitôt en vice. Un peuple de Nobles, c'est comme un peuple de Rois. Tout cela n'est bon, que pour les Contes des Fées.

Ajoûtons que si la connoissance de la nécessité, de la convenance, & de l'utilité des Loix, est ce qui fait leur force ; il n'est pas étonnant, qu'elles soyent si foibles dans les Republiques, où les peuples en général ne sauroient avoir les talens & le loisir de pénétrer

dans

dans un détail semblable. Pour que les effets persuadent, il faut observer les Loix quelque tems; & pour lors le peuple en juge passablement. Or en attendant les loix étant foibles, font guères observées, & leur mérite reste presque toujours équivoque. Voilà pourquoi il y a tant de changemens dans les loix Républicaines; même dans celles qui appartiennent à la forme & à la subsistance du Gouvernement politique. Il n'y a point de lien qui tienne contre l'inconstance des peuples, à moins que la Religion n'intervienne pour garantir les loix. Licurgie fixa pour un tems les Lacédemoniens par la religiosité du Serment, jusqu'à ce que l'habitude rendit plus aisée & familière l'observance des rudes loix, qu'il leur imposoit. Minos & Numa y firent intervenir les Dieux, & le Legislateur d'Athenes qui comptoit trop sur la seule Philosophie, eut le chagrin de voir échouer ses loix, de son vivant même.

Les loix tiennent bien plus dans le Gouvernement Monarchique, quoiqu'elles paroissent dépendantes de l'avis d'un seul, & d'un seul qui change successivement, & n'est que fort rarement d'accord avec son prédécesseur. Cependant le Monarque, & le petit nombre de ses Ministres, en connoissent mieux la convenance & l'utilité, & protègent les loix avec une religiosité, qui manque rarement son effet. Ce qui surprend d'abord, c'est que les conquerans mêmes, pour la plûpart, au lieu d'imposer leurs loix, & leurs coûtumes aux vaincus, ont volontiers adopté celles du païs conquis, & temperé par là presque toujours la rigueur de leur conquête. Toutes les fois qu'ils n'ont pas rendu le peuple esclave, ils lui ont préservé l'honneur de ses loix, & de ses coûtumes. Par tout où les Romains ont envoyé des Colonies, ils établirent leurs loix, & contraignirent les plus grandes villes d'y consentir, par l'adresse de leur communiquer les droits, & les honneurs de Citoyens Romains; ce qui ne fit aucun bien durable à leur Empire.

Pour moi je ne vois par tout de vertu, que dans les Legislateurs, & les interprêtes des Loix, soit dans les Republiques, soit dans les Monarchies, & dans les Despotismes. Je trouve par tout que la soumission populaire ne dépend que de la Religion, & de l'habitude. La prémière en persuade la nécessité, & la seconde rend aisée l'exécution. Je n'ose point fouiller dans l'intérieur de certains peuples, que l'Auteur de *l'Esprit des Loix* paroît favoriser; mais l'histoire de France ne marque pas assez, que les Parlemens ayent contribué à la tranquillité, & au bonheur du Royaume. S'il y en a autres parts, je sai bien qu'il seroit embarrassé de prouver par l'histoire ancienne, & moderne, un sort plus favorable. Enfin par tout où on s'approche par le grand nombre, de la condition populaire, on n'y voit que

O 5

trou-

trouble, & qu'inconſtance. Le bonheur n'eſt guères plus durable que les ſaiſons. Quoique pour former une Orqueſtre, il y ait toujours un choix bien marqué : il eſt indubitable, qu'auſſitôt qu'elle devient trop nombreuſe, les diſſonances ſont inévitables.

CHAPITRE XIV.

Dans les Republiques, les recompenſes & les peines ſont très foibles, & très incertaines. Les fautes qui ſont les plus communes, & par là même les plus dangereuſes, ſont guères ou foiblement punies, car le peuple appréhende toujours d'y être compris avec le grand nombre : & les crimes qui n'appartiennent qu'au petit nombre des ſcelerats, y ſont punis avec atrocité, car on ne ſe croit pas généralement ſujet à les commettre. Or la cruauté ne vaut jamais rien dans le ſuplice ; car elle excite toujours la pitié ; & ce n'eſt pas rare qu'un peuple poli ſauve par compaſſion un criminel, pour s'épargner l'horreur du ſpectacle. Chez les barbares on s'y accoûtume, & l'exemple devient auſſitôt inutile. C'eſt tout le contraire dans les Etats Monarchiques. Je m'en rapporte à l'expérience, auſſi bien qu'à l'hiſtoire.

Quant aux recompenſes, le peuple a toujours de la peine d'en faire : car il paroit perſuadé,

suadé, qu'il s'arrache à lui-même, ce qu'il donne aux autres; & n'est guères d'humeur à marquer des différences entre les sujets qui le composent. Il prétend toujours à l'égalité. Il porte fort haut le devoir de citoyen envers la patrie, pour couvrir sa honte dans le refus qu'il fait d'avouer le mérite des actions les plus héroïques. Il en est frappé sur le champ, comme d'un éclair : mais donnez-lui deux jours pour se reconnoître, il change de blanc en noir; car il garde rarement le milieu. Quiconque ne se sacrifie pas pour lui, passe pour un traître; & si le sacrifice est fait, & qu'il ait bien réussi, lorsqu'on parle de l'avouer & de le récompenser, il vous dira, qu'on n'a fait que son devoir. Si vous ne réussissez pas, vous êtes un fot, ou un malheureux par votre faute.

C'est des Republiques Démocratiques, qu'est sorti dans le monde, le principe stoïcien : que la seule satisfaction de faire des actions louables, en doit être l'unique récompense; dont le surplus l'affoiblit. Foible excuse pour ne pas récompenser. Le Ciel ne nous a point appris cela, ni par ses doctrines, ni par ses exemples divins. Il ne diffère jamais ses récompenses, pour tout ce qui est même d'un devoir indispensable, que pour rendre la personne plus vertueuse, & plus digne d'une gloire assurée; quoique l'on tienne de sa source uniquement, les talens, la force, & le bonheur de toute action vertueuse. Ce n'est pas moins
une

une juſtice parmi les hommes; car ſi le bien qui dérive de l'action que vous faites, ſe répand ſur tous par des effets réels & durables; pourquoi tous ceux qui en profitent, ne vous doivent-ils pas un bien équivalent, ou du moins proportionné à celui qu'ils reçoivent? Les louanges, les honneurs, & les avantages ſenſibles, ne ſauroient ſe refuſer aux grandes & belles actions, qui font le bonheur des peuples. Auſſitôt que les ſuites heureuſes en découlent auſſi dans la poſtérité, il n'eſt pas moins juſte, que les honneurs, & les priviléges dérivent auſſi dans la poſtérité de celui qui les a faites. Voilà le principe juſte & véritable de la Nobleſſe, dans toutes les ſociétés débarbariſées; mais dont le monde a infiniment abuſé: car il ne faut pas moins de juſte proportion dans les recompenſes, que dans les peines. Tout excès eſt vicieux: mais il eſt moins dangereux dans les prémières, que dans les ſecondes.

Pour juſtifier votre mérite, vous direz, que tout autre citoyen pouvoit & dévoit faire, ce que vous avez fait, par le même droit de citoyen, & par amour de la Patrie; mais comme aucun autre n'a oſé de l'enſreprendre, & n'y auroit peut-être pas réüſſi; ainſi le droit à la recompenſe, ne ſauroit vous être conteſté. Mais quand ce raiſonnement ſeroit tout à fait juſte, il ne s'en ſuivroit pas, que vous puiſſiez prétendre à fouler le peuple, que vous auriez

ſauvé;

fauvé; ni que vous ayez aucun droit de lui arracher la recompenfe. Vous n'auriez d'autre droit, que celui de la demander: & quiconque ne le fait pas, eft un orgueilleux infultant, qui témoigneroit du mépris ou du chagrin contre fa Patrie, & contre tout ce qu'elle peut lui donner. La moindre reconnoiffance monte à un prix infini, lorsqu'elle provient d'une Patrie qui avoue la dette. La vertu confifte tant d'un côté que de l'autre à donner un jufte prix à l'action héroïque ou louable; à le proportionner aux forces, aux circonftances, & aux conféquences; & à n'en prétendre pas davantage. Il eft vertueux de demander ce qu'on vous doit, & de ne pas infifter davantage lorsqu'on vous refufe. Auffitôt que la recompenfe la plus jufte, pourroit dégénerer en mauvais exemple, & avoir des fuites pernicieufes pour l'Etat où elle fe fait, c'eft un devoir de s'en défifter, & décliner modeftement de la recevoir. Or toutes ces vérités font autant de chimères, pour le peuple.

Les raifonnemens feront apparens tant que vous voudrez: je vous pafferai même, qu'ils font beaux & bons: mais auffitôt qu'ils font contredits par l'expérience générale de tous les fiècles, ils ne méritent plus qu'on s'y arrête. Bien de chofes font juftes & très avantageufes pour une foriété d'hommes qui fe portent bien: mais fi par malheur la contagion fe mettoit parmi eux, tout cela ne conviendroit plus, &

la

la société même feroit leur perte. On ne traite pas les hommes en santé, comme les malades & vous aurez bien de la peine à persuader, qu'un grand peuple ne soit pas une Société, où il y a de grandes maladies à traiter, & bien souvent contagieuses. Je ne sai pourquoi Mr. de M**. a trouvé bon d'attribuer aux Republiques la vertu, & de la refuser au reste du monde. Rien n'est bon dans les Republiques que l'Aristocratie, dont la Democratie, & la Monarchie même ne sauroit se passer: car il faut par tout des Conseils, des Magistrats, qui ne subsistent point sans ordre, & sans choix. Si toute la différence ne consiste, que dans le droit de choisir les Conseillers, & les Magistrats, quel seroit le Gouvernement où le choix se feroit par les sorts, & les lots, ce qui n'est pas inconnu aux anciens, & aux modernes?

Oserois-je soutenir que le Gouvernement politique de la Société humaine, ne sauroit être qu'un seul: & que la triple différence imaginée par le Philosophisme des Grecs, ne change rien à la substance, & au bonheur des peuples? Une Tirannie qui foule la liberté naturelle, & qui rende les hommes successivement esclaves, ne sauroit subsister dans le monde. Les fols qu'on lie; les forçats qu'on met à la galère; les criminels qu'on enferme dans les prisons, tout comme les ennemis qu'on fait prisonniers de guerre; aussitôt qu'on le reconnoît pour un mal néceſſaire, n'ont plus de rapport avec la Tirannie. Mr. de M°ⁱⁱ. prouvera peut-être qu'il vaut mieux encore d'ôter la vie à ſon ennemi, que de le rendre tout à fait malheureux, & de le rabaiſſer à la condition des bêtes: mais pour le ſurplus il pouſſe trop loin ſes raiſonnemens: & ne ſe rappelle pas, que dans la plûpart des actions humaines, il faut s'accommoder aux Loix générales, aux coûtumes des tems, & des lieux où l'on agit. J'en reviens toujours là. Les malades ſe traitent bien autrement que les perſonnes en ſanté. L'Auteur *de l'Eſprit des Loix* raiſonne toujours des hommes, comme s'ils n'avoient ni vices, ni vertus. Il ſe trompe fort. Les prémiers ſont inſéparables du grand monde: & c'eſt du grand monde qu'il faut parler.

On ne fait pas plus de tort aux fols & aux forçats de les ſerrer dans les chaines; qu'aux Barbaresques & aux Pirates de les mettre à la galère, où ils y mettent eux-mêmes tout le reſte du monde. Parmi les Nations policées, on pourroit peut-être ſe promettre, que la liberté qu'on accorderoit aux vaincus, n'auroit aucune ſuite dangereuſe, car tout le peuple entier ſeroit cenſé d'en répondre. Ainſi lorsqu'il ne vous reſte rien à craindre, vous pouvez donner librement; & la généroſité étant ſage, elle devient un devoir, pour les honnêtes gens. Mais une généroſité imprudente & téméraire, n'eſt que pour les ſots.

C'en

C'en est tout de même à l'égard de la pitié & de la compassion envers les criminels. Aussi-tôt que ces malheureux, par une suite d'actions pernicieuses à la société, font présumer, qu'ils font incorrigibles; & qu'en les épargnant, ou en adouciffant les peines, le mauvais exemple enhardiroit les autres; il ne faut pas héfiter à leur ôter la vie. Cela ne fauroit être trop tôt fait. Il faut fauver le total, par la reci-fion des parties corrompues & contagieuses; Si par hazard un innocent en fouffre, ce n'est pas toujours le défaut du chirurgien. Pour-quoi après l'expérience de tous les fiècles dans toute la Société humaine, voudrions-nous re-former cet Article-là? Mr. de M⁰ᴹ. apprendroit bientôt, que la douceur de fon tempérament le féduit, s'il pouvoit une fois gouverner un peuple, le feul efpace d'un mois. Mais cela même fait beaucoup d'honneur à la bonté de fon naturel.

CHAPITRE XV.

Dans toute forte de Gouvernemens politiques, il ne faut que la vertu pour établir, & pour obferver les loix, tandis que les hommes font hommes : & il faut la force & l'adreffe
par tout, dès que les hommes font des enfans,
dès qu'ils tombent malades, & bien plus lorfqu'ils deviennent des bêtes. Si le point d'honneur n'eft pas une vertu, c'eft une folie, qui
ne mérite pas qu'on s'y arrête. A la vérité il
y a quelques fois des folies affez générales,
pour avoir une influence très manifefte parmi
les hommes ; puifqu'il y a même des vices, qui
produifent quelques fois des effets avantageux.
Cependant ces effets ne font que paffagers, &
pour reparer un plus grand mal ; car auffitôt
que cela eft fait, les conféquences changent,
& deviennent tout à fait ruineufes ; ainfi qu'on
le voit dans le Luxe, qui eft bon quelques fois
pour rendre les peuples induftrieux, & faire
couler les tréfors des avares. Or la durée de
tant de fiècles dans les Gouvernemens Monarchiques, prouve, qu'ils font fondés & foute-
nus par quelque chofe de plus réel, que le
Point d'honneur, que l'Auteur de l'Efprit
des Loix, feroit fort embarraffé de trouver
dans toutes les Monarchies du monde ancien
& moderne.

 Je

Je ne crois pas non plus qu'on puisse revoquer en doute, que parmi les Etats Des-
potiques d'aujourd'hui, la plûpart des peuples sujets ne soyent généralement aussi bien
pourvûs, divertis, & libres, que chez les Ré-
publiques. Vous n'avez qu'à interroger les
Romains, les Russiens, & les Turcs mêmes.
Les comparaisons sont odieuses, & ne se font
que trop naturellement parmi les hommes.
Or où les faits témoignent contre le raisonnement, il faut reformer celui-ci, & s'en tenir
aux autres.

On fait grand bruit sur la liberté, qui paroît uniquement reservée aux Etats Republiquains : mais ce n'est qu'un Echo, qui re-
tentit, des anciens rochers de la Grece. L'imagination en est frappée : mais aussitôt qu'on
y réfléchit meûrement, on ne trouve plus
qu'un grand vuide. La seule Republique de
Venise, que je sache, a donné des marques
d'une supériorité d'Esprit & de Cœur, à laquelle on n'a jamais atteint autres parts. On
dit par proverbe, chez elle, que mille Nobles
Esclaves commandent à des millions de personnes libres. Il faut la plus grande magna-
nimité du monde pour donner un air de vérité
à ce paradoxe.

Selon l'institution de cette illustre Aristocratie, la Noblesse n'a jamais consenti à la
moindre exception des Loix, mêmes les plus
onereuses ; ni à la moindre distinction extérieure

eure de tout le reste des citoyens. Les Magistrats, & les Tribunaux supérieurs qui gouver-
nent, n'ont aucune recompense utile à se proposer de droit ; & celle de l'honneur, qui n'
est pas toujours assurée, est mise au plus haut
prix. Les personnes les plus illustres par leur
sang, par leurs talens, & par leur vertu, sont
prêtes à tout moment de renoncer aux postes
brillans qu'ils ont mérité, & louablement rem-
pli, pour rendre un compte exact de leur conduite, à ceux-mêmes, qui quelquefois ne leurs
ressemblent pas. C'est beaucoup dire, que
l'honneur tout seul aye pour le moins, autant
de pouvoir parmi le Corps de la Noblesse Veni-
tienne, que les peines les plus cruelles par
tout ailleurs. Si cela n'est pas le véritable
point d'honneur, en quoi pourroit-il consister ?
Et cependant on est fort loin à Venise de toute
Monarchie.

Ce Corps également respectable & nom-
breux, (car je ne m'arrête pas à tous les individus,
où bien de défauts & corruptions, se sont glis-
sées avec le tems) doit avoir renoncé même à
la liberté naturelle, pour le Bien public. La
Noblesse ne sauroit pas même s'habiller à sa
fantaisie, ni se faire servir chez elle par caprice. Aucun ne sauroit s'exempter du service
public, à moins d'être malade, ou de prendre
le petit colet. Il faut servir aussitôt que le
Gouvernement l'ordonne. Il vous tire de la
campagne, de la ville, de vos propres affai-

res

res, & de vos plaisirs mêmes, toutes les fois qu'il le trouve bon; & ne consent pas toujours à vous satisfaire, lorsque vous vous jettez vous même dans le Gouvernement.

Il n'est point permis, à qui que ce soit parmi la Noblesse, d'aller servir une Puissance étrangere, ni de chercher fortune ailleurs. Ce n'est que par une permission expresse, qu'on peut entreprendre un voyage hors des Etats; & quand même on l'auroit obtenue, on la revoque aussitôt qu'on le trouve à propos, sans qu'il y ait mot à dire. On veille avec un soin scrupuleux sur les connoissances, & le commerce de la Noblesse avec les Etrangers, particulièrement lorsqu'ils ont la moindre odeur de Ministère Public. Il n'y a point de droits dont aucun puisse s'exempter; & les Inquisiteurs mêmes d'Etat, tout suprèmes qu'ils sont, ne laissent pas d'être jugés par les Magistrats ordinaires dans leurs affaires domestiques. La moindre violence qui feroit du bruit, ne manqueroit pas deux jours après de faire descendre l'auteur du poste éclatant, sans qu'il pût y remonter de sa vie. Les plus sages & les plus vertueux, s'ils n'ont pas l'adresse de persuader par leur éloquence, succombent nécessairement au grand nombre, quelque poste & quelque autorité qu'ils soutiennent. La raison, le droit, le mérite, & l'éclat, ne tiennent point contre le plus grand nombre, auquel il faut non seulement céder aussitôt; mais d'abord que la re-

                      solution

solution est passée, il faut se joindre à tous pour en faire valoir l'exécution, malgré qu'on en aye, & toute la persuasion intérieure qui la combat. Y a-t-il un esclavage semblable ? Et cela est commun à toutes les Republiques.

C'est tout autrement pour les peuples. Aussitôt qu'ils ne choquent pas ouvertement la douceur des loix : chacun peut vivre chez lui comme bon lui semble. On ne contraint personne à servir dans les trouppes, ni dans les Fermes ; & on fait l'accueil le plus gracieux, à tous ceux qui veulent se pousser dans le service public. Rien n'empêche qu'on n'entre dans les services étrangers, à moins de quelque circonstance particulière qui se fasse remarquable ; & toute l'Europe ne sauroit désavouer, que dans les Etats de Venise, on ne pense, on ne parle, & on n'agisse aussi librement, que dans tout autre endroit du monde, pourvû qu'on ne trouble point l'Etat, & qu'on ne scandalise le peuple.

Du reste il arrive ici comme par tout ailleurs, que les personnes de bon sens, & de probité, doivent observer une espèce de milieu en tout ; & se garder d'attirer sur elles les regards du grand Monde, soit en bien comme en mal : car par tout où il se rencontre des hommes, les vices qui les accompagnent de leur naissance, ne manquent pas de s'y rencontrer aussi. Ceux qui s'imaginent de les brider par des loix, se trompent plus que les autres, & se sédui-

sent

fent eux-mêmes, ne faifant qu'empirer la Société, felon le fameux principe : *ultimur in
vetitum.* Moins de loix, moins de crimes,
& plus de liberté. Les Republiques font les
plus abondantes en loix, & par conféquence
en tranſgreſſions. La Liberté prétendue n'y
fauroit obtenir jamais plus d'étendue, que dans
toute autre forme de Gouvernement ; & tout
homme fincère en doit bien convenir, après y
avoir réfléchi comme il faut. Vertu par tout,
Honneur par tout, Force par tout, pour in-
ſtituer, & conferver un Gouvernement qui
puiſſe rendre heureuſe la Société humaine.

<hr>

IOB, XI, 12.

*Vir vanus in superbiam erigitur : & tan-
quam pullum onagri se liberum natum putat.*

www.ingramcontent.com/pod-product-compliance
Lightning Source LLC
LaVergne TN
LVHW020201030726
842520LV00003B/820